John Ortberg
mit Scott Rubin

ICH – einzigartich

Wie ich so werde,
wie Gott wollte, dass ich bin

Für Teens

Über die Autoren

John Ortberg ist einer der Pastoren der „Menlo Park Presbyterian"-Gemeinde in Kalifornien. Viele seiner Bücher wurden zu Bestsellern.

Scott Rubin gehört seit 18 Jahren zur Willow Creek-Gemeinde und leitet dort gegenwärtig die Jugendarbeit.

John Ortberg
mit Scott Rubin

ICH
einzigartich

>> Wie ich so werde,
wie Gott wollte, dass ich bin

Für Teens

Aus dem Englischen übersetzt von
Maria A. Leicht-Rombouts.

MIX
Papier aus verantwor-
tungsvollen Quellen
FSC® C014496

Verlagsgruppe Random House FSC-DEU-0100
Das für dieses Buch verwendete FSC®-zertifizierte Papier *EOS*
liefert Salzer, St. Pölten.

1. Auflage 2012
Best.-Nr. 816 869
ISBN: 978-3-86591-869-7
Umschlaggestaltung: Hanni Plato
Satz: Die Feder GmbH, Wetzlar
Druck und Verarbeitung: GGP Media GmbH, Pößneck
Printed in Germany

» inhalt

Teil 1

» Meine Identität finden

Kapitel 1

» Wozu Gott dich gemacht hat

Hast du dir schon mal die Frage gestellt: *Was mache ich eigentlich hier?*

Hast du dich angesichts all der Leute, die auf unserem Planeten rumlaufen, schon mal gefragt: *Warum hat Gott ausgerechnet mich auf die Welt gesetzt?*

Eine Zeit lang war es auf Facebook total in, als Profilfoto das Bild eines Promis einzustellen, der dein Double sein könnte oder dir ähnlich sieht. Quasi dein Doppelgänger. Mir fiel auf, dass sich viele Leute richtig attraktive Stars als ihre Doppelgänger aussuchten. Sie behaupteten, dass man ihnen schon oft gesagt hat: „Du siehst genauso aus wie xy!" Ich fragte mich, ob manche Leute vielleicht mal Kontaktlinsen bräuchten.

Auf der Erde leben ungefähr sieben Milliarden Menschen. 7.000.000.000. Das sind ganz schön viele Leute. Jeder, absolut jeder existierende Mensch ist jemand, den Gott hier auf unserem Planeten haben will.

Wenn Gott uns aber wirklich hier haben will, hast du dann schon mal über die nächste Frage nachgedacht?

Was willst du eigentlich wirklich?

Was *ich* wirklich will, ist tief in mir drin total lebendig zu sein. Was *ich* wirklich will, ist die Freiheit für ein Leben voll Liebe und Begeisterung und Staunen und Leidenschaft. Was *ich* will, ist echtes Leben.

Aber es gibt so viele Sachen, die uns eine Menge Sorgen machen, nicht wahr? Wenn du zur Schule gehst, bist du vielleicht komplett damit beschäftigt, stets gute Noten zu schreiben oder coole Leute als Freunde abzukriegen. Im Laufe der Jahre machen sich viele Leute dann Gedanken über den Job, die Familie und ihre Hobbys. Trotzdem glaube ich, dass Gott uns für etwas viel Größeres gemacht hat als nur dafür, uns Gedanken und Sorgen zu machen … und sei es über gute Dinge.

Echtes Leben – das will ich mehr als alles andere. Nicht aus Pflichtgefühl und nicht, weil irgendwo geschrieben steht, dass ich es muss – sondern weil ich es will.

Es gibt etwas, das mich als Person ausmacht, und diese Person möchte ich gern werden.

Im Leben geht es nicht um eine bestimmte Leistung oder Erfahrung. Bei der wichtigsten Aufgabe deines Lebens geht es nicht darum, was du tust, sondern darum, wer du bist und wer du wirst.

Auch du sehnst dich im Tiefsten danach, der zu werden, als den Gott dich geschaffen hat.

Es ist ironisch: Kein Mensch wird glücklich, wenn er einzig und allein dem Glück hinterherzujagen versucht. Genauso wenig können weder ich noch du die Person werden, die Gott gewollt hat, wenn wir in erster Linie auf uns selbst fixiert sind. Gott hat dich gemacht, damit du das pure Leben bekommst, doch die Sache funktioniert nicht, wenn wir nur an uns selbst denken. Voraussetzung für wahres Glück im Leben ist nämlich eine Vision, die größer ist als wir selbst. Die Welt braucht unbedingt Menschen, die nicht vor sich hinvegetieren, sondern als echte Originale durch die Welt laufen. Du und ich sind dazu aufgerufen, der Welt Gottes Weisheit und Herrlichkeit zu vermitteln, indem wir solche Originale werden, wie Gott sie sich vorgestellt hat.

Das Geheimnis ist: Wer wirklich mit sich zufrieden ist, beeinflusst andere positiv – manchmal unter höchst unerwarteten und bescheidenen Bedingungen.

Wie funktioniert das, glückliches und echtes Leben?

Stell dir vor: Es gibt zwei Schulbusfahrer. Beide fahren verkehrssicher und bringen die Schüler pünktlich ans Ziel, aber hier hören die Gemeinsamkeiten zwischen den beiden auch schon auf.

Der erste Busfahrer nimmt die Schüler zwar in seinem Bus mit, schaut ihnen aber nie in die Augen. Er nimmt sie weder wahr, wenn sie morgens vergnügt einsteigen, noch, wenn sie sich nach einem langen Schultag wieder zum Bus schleppen. Richtig gemein ist er zwar nicht, kriegt aber schnell schlechte Laune, wenn die Schüler zu laut lachen. Er konzentriert sich darauf, die Schüler ans Ziel zu bringen, doch sein Kopf ist voller Gedanken und Sorgen, die ihn beschäftigen. Er hat noch nie versucht, sich die Namen der Schüler zu merken, die auf seiner Strecke ein- und aussteigen, und vielleicht kennt auch gerade deshalb keiner seinen Namen.

Der andere Busfahrer heißt Alex. Die Schüler sind morgens noch ziemlich verschlafen, doch schon wenige Wochen nach Schuljahresanfang begrüßt Alex beim Einsteigen jeden persönlich mit Namen. Wenn jemand für ein Schulprojekt größere Gegenstände transportieren muss, sorgt Alex dafür, dass genug Platz im Bus ist. Er lässt die Schüler über den Radiosender abstimmen und dreht die Musik freitags ein bisschen lauter auf als sonst. Die Kinder erzählen Alex gern Witze und meistens hat er auch selbst einen auf Lager. Und wenn mal jemand spät dran ist und noch die Straße entlanghechtet, kann er sich drauf verlassen, dass Alex auf ihn wartet. Natürlich: Auch Alex hat viele Gedanken und Sorgen, die ihm durch den Kopf gehen. Doch wenn er Bus fährt, ist er mehr als nur ein Busfahrer. Alex ist auf dem besten Wege, der Mensch zu werden, als den Gott ihn geschaffen hat.

Kommst du dir manchmal wie dieser erste Busfahrer vor – der nicht über seinen Schatten springen kann? Damit haben wir alle zu kämpfen, auf unterschiedliche Weise. Doch auch wenn du dich wie der erste Busfahrer verhältst, halte ich die Hand dafür ins Feuer, dass du trotzdem manchmal etwas Unerwartetes tun wirst. In diesen Momenten bist du dann wahrscheinlich über dich selbst überrascht. Ein paar Beispiele? Du sagst im Unterricht etwas Aufbauendes. Du redest in der Pause mit dem Außenseiter der Klasse. Du bleibst ruhig, obwohl dein kleiner Bruder nervt. Du lässt dich von einem Lied verzaubern. Du zeigst Mitgefühl. Du bietest einem Tyrannen die Stirn, um Schwächere zu beschützen. Du machst jemandem bewusst ein Geschenk, das dich einiges kostet. Du verzeihst jemandem, der dich verletzt hat. Du machst eine freundliche Bemerkung, die du normalerweise nie machst – oder du hältst dich mit einer unfreundlichen Bemerkung zurück, die dir normalerweise sofort herausrutschen würde.

Wenn du solche Dinge tust, darfst du einen Blick auf das werfen, wozu Gott dich geschaffen hat. Nur Gott kennt dein volles Potenzial und er arbeitet ununterbrochen daran, dass du zu der besten Version deiner selbst wirst. Dazu stehen ihm viele Möglichkeiten zur Verfügung – und er wird auch nichts überstürzen. Das kann manchmal ganz schön frustrieren; aber selbst mitten in deinem Frust ist Gott am Werk: Er hört nicht auf, dich zu lehren, geduldiger zu werden. Gott ist nicht entmutigt, wenn es lange dauert, bis irgendeine Veränderung sichtbar wird, vielmehr freut er sich über jeden kleinen Fortschritt, den du machst. Nur Gott kann die „beste Version von dir" sehen, und er kümmert sich viel mehr darum, dass du dein volles Potenzial erreichst, als du es selbst tust.

„Wir sind ganz und gar Gottes Werk. Durch Jesus Christus hat er uns so geschaffen, dass wir nun Gutes tun können. Er hat sogar unsere guten Taten im Voraus geschaffen, damit sie nun in unserem Leben Wirklichkeit werden"
(Epheser 2,10; GN).

Du hast dich nicht selbst gemacht; dein Leben ist nicht dein eigenes Projekt. Dein Leben ist Gottes Projekt. Gott hat dich erfunden und Gott weiß, welcher Mensch du werden solltest. Bestimmt wurdest du schon öfters gefragt: „Was willst du denn später mal *werden*?" Hattest du das Gefühl, du müsstest eine Antwort parat haben, auch wenn du noch keine Antwort hast? Ich verrate dir was: Gott hat schon eine Antwort. Gott will, dass du die bestmögliche Version *deiner selbst* wirst! Gott hat viele gute Aufgaben für dich auf Lager, aber diese Aufgaben bewegen sich nicht in den Dimensionen wie „Hausaufgaben machen" oder „zu Hause mithelfen". Gottes Aufgaben für dich sind wie ein Navi, das dich zu deinem wahren Ich führt.

Wenn du mit Gott unterwegs bist, geht es dabei nicht nur um Dinge wie Gottesdienstbesuch, Bibellesen und Beten. Es geht vielmehr darum, Power vom Geist Gottes zu erhalten. So kannst du die Person werden, die Gott sich vorgestellt hat, als er dich erfand.

Wo Wachstum hinführt

Gott möchte, dass du wächst und gedeihst. Er hat dich dazu bestimmt, Power von außen zu empfangen, in deinem Inneren ein lebendiges Wesen zu entwickeln, und dann das Gute, das aus dir herausfließt, an andere weiterzugeben. Das ist Gottes Geschenk und Gottes Plan. Wenn du so lebst, bist du im Einklang mit Gott, anderen Menschen, der Schöpfung und dir selbst. Dieser Prozess des Gedeihens wird nicht an äußeren Faktoren gemessen, es geht nicht um Auszeichnungen oder Pokale, um Besitz oder das beste Aussehen. Es geht darum, die Person zu werden, die Gott im Sinn hatte, als er dich schuf.

Zu gedeihen heißt, immer mehr zu Gottes bester Version von dir zu werden.

Alle, die Gott die Treue halten, wachsen auf wie immergrüne Palmen, … in den Vorhöfen am Tempel unseres Gottes wachsen und grünen sie immerzu. (Psalm 92,13–14)

Gott hilft dir zu wachsen und du wirst dich verändern. Trotzdem bleibst du natürlich immer noch du selbst. Aus einer Buchecker kann eine große Buche werden, aber kein Rosenstrauch. Es kann aus dem Samen eine gesunde Buche oder eine verkümmerte Buche heranwachsen – aber kein Strauch. Das ist völlig unmöglich! Genauso bleibst auch du immer du selbst – entweder wirst du dich zu einer gesunden Version von dir entwickeln oder eher zu einem kümmerlichen Pflänzchen. Gott hat dich nicht gemacht, damit du irgendjemand anderes wirst. Gott hat unsere Persönlichkeit programmiert, unsere Begabungen und Talente ausgesucht. Gott hat dir eine einzigartige Mischung aus ganz bestimmten Wünschen und Leidenschaften geschenkt. Gott hat sich deinen Körper und deinen Verstand ausgedacht. Gott ist der Designer deiner Einzigartigkeit.

Manche Leute denken, sie müssten völlig andere Menschen werden, wenn sie im Glauben wachsen wollen. Gott will aber nicht, dass du jemand anders wirst. Gott will, dass du *du* bist, … auch wenn er deine Blickrichtung hin und wieder mal korrigiert. Bevor Paulus Jesus kennenlernte, war er ein hochintelligenter, leidenschaftlicher Draufgänger, der andere verfolgte. Hinterher war er ein hochintelligenter, leidenschaftlicher Draufgänger, der sich für andere aufopferte.

Freunde von uns haben eine Tochter namens Shauna, die als Kind ein richtiger kleiner Dickkopf war. Als Vierjährige wollte sie immer mit ihrem Dreirad abhauen und viel weiter wegfahren, als ihre Mutter es ihr erlaubte. Als die Mutter merkte, dass sie die kleine Shauna nicht davon abhalten konnte, sagte sie schließlich: „Schau mal, Shauna, hier ist ein Baum und da ist die Einfahrt.

Du darfst zwischen dem Baum und der Einfahrt hin- und herfahren, aber weiter darfst du nicht – sonst gibt's einen Klaps auf den Po. Ich muss jetzt reingehen, weil ich drinnen ein paar Sachen zu erledigen habe. Aber ich behalte dich im Auge."

Da fuhr Shauna rückwärts auf ihre Mama zu, zeigte auf die Klaps-Zone und sagte: „Dann gibst du mir am besten jetzt schon mal den Klaps. Ich muss nämlich wohin."

Überrascht es dich zu hören, dass Shauna als Erwachsene ein unglaubliches Talent dafür hatte, eine Führungspersönlichkeit zu werden, und eine große Antriebskraft entwickelte? Sie wird diese Eigenschaften niemals verlieren.

Gott erschafft nicht zuerst etwas und beschließt dann, es wegzuwerfen. Gott erschafft – und wenn ein Problem auftritt, rettet er. Der Mann, der Psalm 100 geschrieben hat, sagt: „Erkennt, dass der Herr Gott ist! Er hat uns gemacht und nicht wir selbst." (Psalm 100,3; ELB)

Das ist die gute Nachricht: Wenn du aufblühst, wirst du mehr du selbst. Du wirst immer mehr zu der Person, die Gott sich vorstellte, als er dich erfand. Du wirst nicht einfach heiliger, aber „heiler", nämlich dir selbst treuer. Du veränderst dich. Gott möchte, dass du eine „neue Schöpfung" wirst. Dabei ist „neu" aber nicht gleichzusetzen mit „komplett anders". Sondern es ist eher wie bei einem alten Möbelstück, das restauriert wird, bis es wieder in seinem alten Glanz erstrahlt.

Ich hatte mal einen alten Sessel, den mein Großvater vor 70 Jahren gebaut hatte. Ich mochte den Sessel, aber die Lehnen waren kaputt, das Holz splitterte schon ab und das Polster hatte Löcher. Schließlich sortierte ich ihn aus und verkaufte ihn für 50 Cent auf dem Flohmarkt. Der Käufer kannte sich mit Möbelrestauration aus und ein paar Monate später bekam ich ein Foto von meinem alten Sessel – repariert und wahnsinnig aufgemotzt. Ich wünschte, ich könnte jetzt eine Geschichte erzählen, in der der Restaurator den

★ Gott erschafft nicht zuerst etwas und beschließt dann, es wegzuwerfen.

ahnungslosen Besitzer überrascht und den prachtvollen Sessel zurückbringt. Leider habe ich einzig und allein das wunderschöne Foto bekommen. Doch dieses Foto habe ich mir in die Schreibtischschublade geklebt, um mich daran zu erinnern: „Wenn also ein Mensch zu Christus gehört, ist er schon ‚neue Schöpfung‘. Was er früher war, ist vorbei; etwas ganz Neues hat begonnen!" (2. Korinther 5,17)

Gott will dich erlösen, nicht austauschen. Wenn du also ein zurückhaltender, nachdenklicher Mensch bist und hoffst, dass Gott dich total extrovertiert macht, dann viel Spaß beim Warten – das kann lange dauern! Oder wenn du ein richtiger Sprücheklopfer bist und hoffst, dass Gott dich total schweigsam macht, dann wünsche ich auch dir ebenfalls viel Spaß beim Warten! Dein Wunsch wird nämlich nie in Erfüllung gehen.

Ich muss mir eingestehen, dass ich nicht alles werden kann, was ich will. Ich kann mich nicht selbst erfinden. Ich akzeptiere mich als Gottes Geschenk an mich, und ich akzeptiere seinen Auftrag, diese Person zu werden. Doch in deiner Seele findet ein Kampf statt zwischen dem Ich, das sich zu der Person, die Gott sich ausgedacht hat, entwickeln will – und einem verkümmernden Ich. In diesem Buch geht es um genau diesen Kampf, der tief in deinem Inneren seinen Anfang nimmt und sich dann nach außen wendet, hin zu einer Welt, die auf Gottes Erlösung wartet.

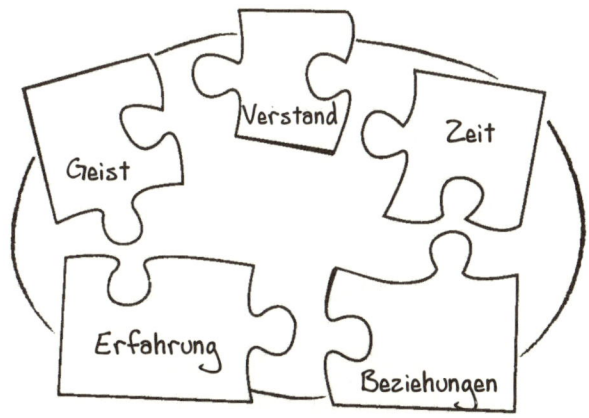

Die Reise fängt mit deinem *Geist* an, der durch Gottes Geist Kraft und Macht bekommt. Kennst du das Gefühl, Ideen oder Energie von einer Quelle zu bekommen, die nicht in dir selbst liegt? Anders ausgedrückt: Du wirst „in-spiriert". Dieses Wort ist vom Lateinischen abgeleitet (spiritus = Geist) und bedeutet wörtlich, dass dir etwas eingehaucht worden ist. Diese Möglichkeit, mit dem Geist Gottes verbunden zu sein, ist also immer verfügbar! Und wenn dein Geist gedeiht, bist du so lebendig, wie es nur geht. Dein Leben hat einen Sinn. Du wirst zum Guten hin- und von der Sünde weggezogen.

Dann kommt dein *Verstand*. Der Verstand deines gedeihenden Ichs ist von Freude und Frieden gekennzeichnet. Du bist neugierig und lernst gern Neues. Das tust du auf deine eigene, persönliche Art. Vielleicht liest du gern oder redest gern mit Leuten oder hörst anderen zu oder baust etwas auf oder leitest eine Sache. Du stellst Fragen. Du langweilst dich nicht so schnell. Wenn negative Gefühle hochkommen, nimmst du sie als Signal, dass du etwas unternehmen solltest.

Ein Ich, das wie ein welkes Pflänzchen dahintrocknet, ist dagegen im Inneren unzufrieden und unruhig. Du fühlst dich zu schlechten Angewohnheiten hingezogen – schaust viel zu viel fern oder kapselst dich ab oder machst Sachen, von denen du weißt, dass sie destruktiv sind – denn es sind Versuche, Schmerz zu vertreiben. Wenn dein Ich verkümmert, bist du oft ängstlich oder wütend. Neues zu lernen scheint nicht sehr verlockend für dich zu sein. Deine Gedanken drehen sich oft um dich selbst – und nur selten um andere Leute.

Wenn du dich zu einem Original entwickelst, das Gott in dir angelegt hat, werden nicht nur dein Geist und dein Verstand, sondern auch dein Umgang mit *Zeit* verändert. Du bist zuversichtlich, dass dich nichts völlig aus der Bahn werfen wird, egal, was das Leben mit sich bringt. Morgens beim Aufwachen bist du gespannt und freust dich auf den Tag. Du weißt instinktiv, dass im Leben nicht alles wurscht ist. Du lernst, jede Stunde als Geschenk von Gott zu betrachten, das du auspacken darfst.

Wenn du dich zu einem Original entwickelst, das Gott in dir angelegt hat, pumpst du Gutes und Segen in deine *Beziehungen*. Du staunst, wie toll andere Leute sind. Sie geben dir oft neue Kraft. Bei Unterhaltungen merkst du, wie gern du den anderen zuhörst. Ihre Träume findest du unglaublich spannend. Du wünschst ihnen Gutes. Du redest so über deine Gedanken und Gefühle, dass auch die anderen sich öffnen. Es ist nicht mehr so schwer, Fehler zuzugeben. Und wenn jemand anderes einen Fehler macht, fällt es dir nicht mehr so schwer, ihm zu verzeihen.

Dein verkümmerndes Ich hat auch Auswirkungen auf deine Beziehungen. Du hast deine Worte nicht unter Kontrolle – manchmal bist du total sarkastisch, manchmal lästerst du oder sagst Sachen, die nicht wahr sind. Du grenzt andere aus. Du machst anderen Vorschriften. Du greifst an. Du ziehst dich zurück.

Wenn du jedoch Gott an dich ranlässt und dich persönlich weiterentwickelst, möchte er dich gebrauchen, um seinen Plan zur Erlösung der Welt umzusetzen. Dann wirst du merken, wie Gott auch deine *Erfahrungen* verändert. Dein wirkliches Ich will gern mitmischen. Du weißt instinktiv, dass dein Leben etwas bedeutet. Du wirst tapferer, wenn du beispielsweise vor der Aufgabe stehst, eine Gruppe zu leiten. Du wirst besser. Du wächst.

Was könntest du dir mehr wünschen, als die Person zu werden, als die Gott dich ausgedacht hat?

Die Welt, die Gott sich wünscht

Jetzt verrate ich dir ein paar hammerharte Geheimnisse aus der Bibel:

Der Wunsch, dein volles Potenzial auszuschöpfen, ist ein kleines Echo von Gottes Sehnsucht, eine neue Schöpfung ins Leben zu rufen.

Je mehr du dich anstrengst zufrieden zu sein, desto unzufriedener wirst du. Wenn du nur an dich selbst denkst, wird dein

Leben nur so viel Bedeutung wie ein kleines Weizenkorn haben. Wenn du jedoch dein Leben Gott anvertraust, ist das so, als würde dieses Weizenkorn auf einen guten Boden gesät – und dann kann es Teil eines viel größeren Projekts werden.

Es gibt so viele Dinge im Leben, bei denen ich mich leicht verzettele. Ich mache mir Gedanken über Sachen, die ich nie tun oder erreichen oder haben werde. Aber eins will ich nicht verpassen: das, was Gott für mich vorbereitet hat! Ich will meine Familie lieb haben und meine Freunde ermutigen. Ich will die Sachen tun, für die Gott mich erfunden hat. Ich will Gott lieben und die Welt, die er gemacht hat.

Ich will mein Bestes geben, ich selbst zu sein, weil mein Glaubensleben nicht am Einhalten von Regeln gemessen wird. „Das Ich, als das Gott mich geschaffen hat" wird daran gemessen, wie sehr ich liebe. Wenn wir in Liebe leben, bedeutet das, *wirklich* zu leben. Jetzt ist die Zeit zum Lieben. Nicht erst, wenn du älter bist. Nicht erst, wenn dein Leben spießig geworden ist.

In vielerlei Hinsicht ist dieses Leben eine Schule für das nächste Leben – quasi eine Vorbereitung für das Ich, das du werden sollst. Denn dieses Ich wird einmal in die Ewigkeit hinüberwechseln. Und das Wichtigste dabei ist nicht, was du in deinem Leben erreichst, sondern wer du wirst.

Gott ist bereit. Er will dir helfen, das Ich zu werden, das du sein möchtest.

Bist *du* bereit?

Kapitel 2

» Was ich lieber nicht sein möchte

Henri Nouwen[1] war ein bekannter Priester und Pädagoge, der an angesehenen Universitäten in den USA lehrte. Jedoch erkannte Henri, dass er in diesem Umfeld nicht der Mensch werden konnte, den Gott sich für ihn ausgedacht hatte. Darum verbrachte dieser berühmte Autor die letzten zehn Jahre seines Lebens in der kleinen Gemeinschaft „Die Arche", wo er körperlich und geistig behinderte Menschen pflegte.

Dort in der Arche freundete er sich mit einem der Bewohner an, der Trevor hieß und mehrfach geistig und emotional behindert war. Als Trevor einmal zur Untersuchung im Krankenhaus war, rief Henri dort an und vereinbarte einen Besuch bei ihm. Als jedoch die Krankenhausleitung herausfand, dass der berühmte Henri Nouwen kommen wollte, fragten sie ihn, ob er für ein Treffen mit einigen Ärzten und anderen „wichtigen" Personen Zeit hätte.

Er sagte zu und als er im Krankenhaus ankam, wartete ein gigantisches Mittagessen im sogenannten „Goldenen Zimmer" auf ihn – aber Trevor war nicht da.

„Wo ist Trevor?", fragte Henri.

„Er darf nicht zum Essen kommen", erklärten sie ihm. „Patienten dürfen nicht zusammen mit Mitarbeitern essen und kein Patient hat je im Goldenen Zimmer gegessen."

„Ich bin aber hergekommen, um mit Trevor Mittag zu essen",

entgegnete Henri. „Wenn Trevor nicht beim Essen dabei sein darf, esse ich auch nicht hier."

Auf einmal ermöglichte man es doch, dass Trevor mitessen konnte.

Das Goldene Zimmer war nun voller Leute, die es kaum fassen konnten, dass sie den großen Henri Nouwen aus nächster Nähe sahen. Manche versuchten, so nah wie möglich an ihm dran zu sein. Sie stellten sich vor, wie sie ihren Freunden bald supercool erzählen würden: „Ich hab ja vor Kurzem ein Meeting mit Henri Nouwen gehabt …" Manche taten so, als hätten sie Bücher gelesen, die sie in Wirklichkeit nie gelesen hatten, und spielten sich als Alles-Wisser auf. Andere regten sich darüber auf, dass die Regel, Patienten und Mitarbeiter voneinander getrennt zu halten, gebrochen worden war.

Trevor ignorierte das ganze Affentheater und setzte sich einfach neben Henri. Während Henri gerade mit seinem anderen Tischnachbarn redete, stand Trevor auf einmal unbemerkt auf und ergriff das Wort.

„Ein Trinkspruch", sagte Trevor. „Ich möchte jetzt einen Trinkspruch sagen."

Es wurde mucksmäuschenstill. *Um Himmels willen, was hat der Kerl vor?*, fragten sich alle.

Und Trevor fing an zu singen:

If you're happy and you know it, raise your glass.
If you're happy and you know it, raise your glass.
If you're happy and you know it,
if you're happy and you know it,
if you're happy and you know it, raise your glass.

Das Lied gibt's so oder ähnlich auch auf Deutsch[2]:

Wenn du fröhlich bist, dann hebe nun dein Glas.
Wenn du fröhlich bist, dann hebe nun dein Glas.

Wenn du fröhlich bist und heiter,
ja dann sag es allen weiter,
wenn du fröhlich bist, dann hebe nun dein Glas.

Zuerst wussten die Leute nicht so recht, wie sie reagieren sollten, aber Trevor war wahnsinnig glücklich. Sein Gesicht und seine Stimme zeigten, wie froh und stolz er war, dass er mit seinem Freund Henri zusammen sein durfte. Trevor, der zwar krank und behindert, aber unglaublich fröhlich war, gelang es, ein Geschenk zu machen, das kein anderer im Raum geben konnte. Die Leute fingen an zu singen – erst zaghaft, dann immer begeisterter –, bis die Ärzte, Priester und all die Männer mit den Doktortiteln beinahe grölten: „Wenn du fröhlich bist …"
Und ihr Dirigent war Trevor.

Keiner zog mehr eine Show ab. Keiner regte sich mehr über irgendwelche Regeln auf. Keiner versuchte, Trennlinien zwischen Ärzten und Patienten zu ziehen. Einen Augenblick lang war der Raum voller Menschen, die gerade dabei waren, die beste Version ihrer selbst zu entwickeln – weil ein Mann namens Henri Nouwen sich für ein Leben unter Behinderten entschieden hatte – und weil ein behinderter Mann namens Trevor die beste Version von sich auslebte.

Diese Begebenheit zeigt: Wir schlittern nicht zufällig in die beste Version unserer selbst rein. Wenn ich der Mensch werden will, der ich sein soll, muss ich mich mit den falschen Ichs auseinandersetzen, die den Platz meines wahren Ichs einnehmen und mich davon abhalten wollen, der Mensch zu sein, den Gott sich gedacht hat.

Rivale Nr. 1: So tun, als ob

Gott hat dich entworfen, damit du *du* bist. Wenn dein Leben vorbei ist, wird Gott dich nicht fragen, warum du nicht Moses oder Petrus oder Maria gewesen bist, oder dein Englischlehrer oder dein Papa oder deine Mama oder Onkel Helmut. Wenn du nicht *dein* Leben gelebt hast, wird Gott dich fragen, warum du nicht *du* gewesen bist. Gott hat uns so gemacht, dass wir totalen Spaß an unserem *eigenen* Leben haben können.

Wenn ich immer mehr zu dem Ich werde, das ich im Grunde *bin*, dann werde ich befreit von dem Ich, das ich anderen *vorspiele*. Manchmal versuchen wir ja, die Leute von unserer Wichtigkeit zu überzeugen, während wir innerlich Angst haben, gar nicht so wichtig zu sein. Aber anderen etwas vorzugaukeln haben wir nicht mehr nötig, wenn wir als Originale Gottes leben.

Das vorgespielte Ich schimmert manchmal durch, wenn ich zeigen will, wie wichtig ich bin. Das passiert vielen Leuten. Der neue Direktor an einem Gymnasium wollte an seinem ersten Arbeitstag den Hausmeister, der sein Büro betrat, beeindrucken. Darum tat er so, als telefoniere er gerade mit dem Schulinspektor des Bezirks. „Ja, Herr Schulinspektor. Auf mich können Sie sich verlassen!", sagte er und legte den Hörer schwungvoll auf. Dann fragte er den Hausmeister, was er brauche. „Ich möchte nur Ihr Telefon anschließen."

Glaub mir: Etwas zu spielen, das du gar nicht bist, ist Schwerstarbeit. Darum macht es uns manchmal total kaputt, wenn wir uns wie jemand anderes benehmen oder wenn wir irgendwo sind, wo wir ein bestimmtes Image vorgaukeln wollen. Aus demselben Grund fühlen wir uns zu Leuten hingezogen, die ehrlich über sich selbst reden, und wir hängen am liebsten an Orten ab, wo wir einfach nur „wir selbst" sein dürfen.

Ganz schön erleichternd, dass wir das bei Gott nicht zu machen brauchen, oder? Wir brauchen nicht vorzutäuschen, dass wir mehr gebetet hätten oder dass wir uns supergut in der Bibel auskennen oder dass wir selbstloser sind oder beliebter und schlauer als in Wirklichkeit. Nein, bei Gott brauchen wir nichts vorzuspielen. Ob du's glaubst oder nicht: Echtheit – sogar wenn es um Versagen geht – bringt Gott totalen Nervenkitzel! Vorgespielte Heiligkeit hingegen nervt Gott fürchterlich.

Auf dem Weg zu dem wahren Ich, das Gott sich ausgedacht hat, heißt der erste Schritt: Ehrlich zugeben, wer ich *jetzt* in Wirklichkeit bin.

Rivale Nr. 2: Falsche Erwartungen an sich selbst

Henri Nouwen schrieb einmal: „*Geistliche Größe hat nichts damit zu tun, größer als andere zu sein. Aber es hat alles damit zu tun, so groß zu sein, wie jeder von uns sein kann.*"

Jeder von uns hat ein Ich, von dem wir denken, so *sollten* wir sein, obwohl es im Widerspruch zu dem Ich steht, das Gott *gemacht* hat. Manchmal tut es gut, dieses Ich loszulassen. Manchmal kann das Loslassen aber auch ganz schön hart sein.

Viele von uns probieren in der Schule verschiedene Rollen durch. Unserem Gefühl nach vermitteln die anderen uns, dass es ein „richtiges" Verhalten gibt – und so wollen wir dann werden. Das ist ein „erzwungenes" Ich. In Wirklichkeit müssen wir diese erzwungene Person aber loslassen und genau hinsehen, als welcher Mensch Gott uns eigentlich geschaffen hat.

Ich wuchs mit dem inneren Druck auf, mich als Anführer und Leiter zu betrachten – ich wollte stärker, beliebter und selbstbewusster wirken, als ich in Wirklichkeit war. Ich kandidierte als Klassensprecher, weil große Leitertypen immer erzählten: „Schon in der Schule war ich Klassensprecher." Ich erfand mitreißende Wahlsprüche und machte einen richtigen Wahlkampf – verlor aber jedes Mal. Ehrlich gesagt, war ich eher introvertiert und kein Klassensprechertyp, aber das wollte ich nicht wahrhaben.

Je älter ich wurde, desto mehr setzte ich mich unter Druck und versuchte jemand zu sein, der ich gar nicht bin. Dadurch wurde ich reizbar, verkrampft, unglücklich und unecht in meinem Verhalten. Doch es fiel mir kaum auf. Was die Sache noch schlimmer machte: Ich heiratete eine Frau, die auch oft für Posten in der Schule kandidiert hatte – und immer gewonnen hatte. Dabei hatte sie noch nicht mal einen guten Slogan gehabt: „Don't be fancy, vote for Nancy", also: „Stell dich nicht so an, wähl einfach Nancy." (Das hab ich mir nicht ausgedacht. Sie hat mit dem Spruch wirklich gewonnen!)

Erst als ich erwachsen war, sagte ich schließlich zu Gott: „Ich gebe dir meinen Wunsch ab, ein Leitertyp zu sein." Wie ein Vulkan brachen die Gefühle aus mir heraus. Ich sah all meine Träume wie Seifenblasen zerplatzen. Das Einzige, was ich noch sicher wusste, war, dass ich mein Leben kaputt machen würde, wenn ich weiter an diesem Wunsch festhielt. Darum betete ich: „Ich lasse das los. Es war so lange mein Traum und jetzt bleibt mir gar nichts mehr. Ich dachte immer, du hättest mich als Leitertyp gemacht. Wenn ich kein Leiter werden kann, weiß ich nicht mehr, was ich machen soll. Aber ich strenge mich an und gebe dir diesen Wunsch ab, so gut ich kann."

Was an diesem Tag jedoch wirklich starb, war ein falsches Ich. Es war eine Illusion, die aus falschem Stolz, aus Minderwertigkeitsgefühlen und aus innerer Not heraus entstanden war. Es war das erzwungene Ich, von dem ich meinte, so *sollte* ich sein.

„Sollen" ist ein wichtiger Begriff im Zusammenhang mit Wachstum im Glauben. Gott möchte nicht, dass du auf ihn hörst, nur weil du es *sollst*, solange du es innerlich gar nicht willst. Gott hat dich so gemacht, dass du dem Plan für dein Leben auch selbst folgen *willst*! Aber er lässt dich natürlich immer in aller Freiheit entscheiden.

Rivale Nr. 3: Falsche Erwartungen anderer

Jeder in deiner Umgebung will, dass du dich änderst. Dein Lehrer will, dass du mehr lernst. Dein Trainer will, dass du mehr trainierst. Deine Eltern wollen, dass du dich netter benimmst. Die Fernsehsender wollen, dass du mehr fernsiehst. Fastfood-Restaurants wollen, dass du mehr Burger isst. Jeder hat Pläne für dich. Das ist das Ich, das andere von dir erwarten zu sein.

Wenn ich mein Leben lang versuche, dieses Ich zu werden, werde ich niemals frei sein. Die Menschen zu lieben bedeutet manchmal auch, sie zu enttäuschen. Jesus hat alle Menschen geliebt, aber genau deshalb musste er an manchen Stellen alle enttäuschen. Wenn ich das Ich werden will, das die anderen von mir erwarten, wird mein Leben hohl und leer. Keiner kann dir haargenau sagen, wie du dich verändern sollst – weil es außer Gott niemand weiß.

Noch nicht einmal du selbst weißt, wie du dich verändern sollst – weil du dich nicht selbst gemacht hast! Jemanden zu lieben bedeutet, dass man sich wünscht und darauf hinarbeitet, dass dieser Mensch die beste Version von sich entwickelt. Der Einzige im ganzen Universum, der das perfekt und fehlerlos machen kann, ist Gott. Er ist der Einzige, der keine anderen Pläne für dich hat. Gott hat keine unerfüllten Bedürfnisse, die du für ihn erfüllen sollst. Außerdem *weiß* Gott genau, wie die beste Version von dir aussieht. Gott freut sich total, wenn er an dich in deiner besten Version denkt und er arbeitet schon jetzt daran. Paulus schreibt: „Und wir wissen, dass für die, die Gott lieben und nach seinem Willen zu ihm gehören, alles zum Guten führt" (Römer 8,28; NL).

Das bedeutet, dass Gott dir in jeder Sekunde hilft, zur besten Version deiner selbst zu werden.

Rivale Nr. 4: Nur die Regeln befolgen

Ein Forscherteam machte neulich eine Umfrage. Sie fanden heraus, dass das Haupthindernis für Wachstum im Glauben eine verkehrte Einstellung ist. Die Leute denken nämlich, geistliche Reife bedeutet, sich brav an die Regeln der Bibel zu halten. Kein Wunder, dass die Leute in der Umfrage auch sagten, sie hätten keine Lust auf geistliches Wachstum! Wenn wir meinen, Gottes höchstes Ziel wäre es, Regelbefolger zu züchten, dann bleibt das Glaubensleben immer nur eine Aufgabe oder Pflicht, aber niemals ein Herzensanliegen.

„Aus dem Befolgen von Regeln wächst nicht automatisch ein lebendiger Glaube", schreibt Paulus. „Regeln führen immer nur zu weiteren Regeln" (nach Galater 3,12). Mit anderen Worten: Wenn ich so lebe, dann hat das zur Folge, dass ich ein selbstgerechter Wunsch-Abtöter, Bibel-Leser, Gefühle-Unterdrücker und Besserwisser werde, aber nicht jemand, der sich selbst treu ist. Ich kann nicht mit Gott leben, wenn ich Gott nicht vertraue, dass er wirklich das Allerbeste für mich möchte.

Ein Freund von mir absolvierte vor Kurzem eine Militär-Akademie, in der total pingelig auf die Zimmerordnung geachtet wurde. Manchmal machte er mit Stiften aus Versehen Flecken an die Wand, die nicht mehr abgingen. Also schlug er kleine Stückchen Putz ab. Die Kontrolleure gaben anderen tatsächlich Strafpunkte für Stiftflecken an der Wand, während sie Löcher im Putz für einen Baufehler hielten. Die „Regeln" führten somit zu einer allmählichen Zerstörung des Zimmers.

Jesus hat nicht gesagt: „Ich bin gekommen, damit ihr Regeln befolgt." Er hat gesagt: „Ich aber bin gekommen, um ihnen das Leben zu geben, Leben im Überfluss" (Johannes 10,10). Mit der falschen Definition von geistlichem Wachstum kann uns die Frage „Wie steht's mit deinem Glaubensleben?" richtig Angst machen. Das schlechte Gewissen in uns antwortet: „Läuft nicht so toll. Läuft nicht so, wie es eigentlich laufen sollte."

Viel zu oft messen Leute ihr Glaubensleben am äußeren Verhalten. Sie beurteilen ihre geistliche Reife daran, wie früh sie aufstehen, um Bibel zu lesen, wie lang sie Stille Zeit halten oder wie oft sie in den Gottesdienst gehen. (Diese Dinge können sehr hilfreich sein – sie sind sicherlich ganz und gar nicht verkehrt.) Aber Wachstum im Glauben ist etwas anderes.

Rivale Nr. 5: Stillstand

Ganz oft haben Menschen Lebensträume, wenn sie noch jung sind, doch mit der Zeit geben sie einfach auf. Ein Autor namens Gordon MacKenzie[3] erzählt, wie er mal Erstklässler besuchte und sie fragte: „Wer von euch ist ein Künstler?" Alle Finger schossen in die Luft. In der dritten Klasse meldete sich bei derselben Frage nur noch die Hälfte und bei den Zwölfjährigen meldete sich kaum noch jemand. Ist dir auch schon mal aufgefallen, dass es in deiner Klasse immer weniger Künstler gibt, je älter ihr werdet? Wieso eigentlich? Im Laufe der Zeit finden viele, dass es zu anstrengend ist oder zu lange dauert, das Ich zu werden, das Gott sich ausgedacht hat. Aber wenn wir aufgeben, wenn wir nicht mehr vorwärtskommen wollen und uns der Sinn des Lebens egal ist, verpassen wir alles!

Doch in dir drin gibt es einen Menschen, der darauf wartet, lebendig zu werden.

Mein wahres Ich

Gott will, dass du wächst und vorwärtskommst. Dass wir überhaupt wachsen und uns entwickeln, war schließlich eine Idee von Gott! Er hat sich das ausgedacht.

Wenn es um das echte, wahre Leben geht, geht es nie nur um dich; es geht immer um einen „damit-Schritt". Das bedeutet: Gott hat dich für das wahre, echte Leben geschaffen, *damit* du deinen Teil dazu beitragen kannst, Gottes Plan für die Welt zu verwirklichen. Oder anderes ausgedrückt: Gott will echtes, wahres Leben für dich, *damit* Leute ermutigt, Gärten gepflanzt, Musikstücke geschrieben, Kranken geholfen und Schulen richtig gut werden. Wenn du also nicht die Person wirst, die Gott sich ausgedacht hat, fehlt uns allen das Geschenk, das du weitergeben solltest!

Jesus hat einmal gesagt, dass mit Gott alle Dinge möglich sind (nach Markus 10,27) – und das Geniale am Leben mit Gott ist, dass dein nächster Schritt immer möglich ist. Diesen Schritt zu Gott kannst du immer gehen, egal, was du getan hast, selbst dann, wenn dein Leben ein einziger Scherbenhaufen ist. Als Jesus am Kreuz hing, schaute er zu dem Dieb, der neben ihm ebenfalls an einem Kreuz hing, und sagte: „Ich versichere dir, du wirst noch heute mit mir im Paradies sein" (Lukas 23,43).

Du kannst immer den nächsten Schritt gehen.

Also dann, nichts wie los!

Leben haben

Jesus hat gesagt: „Ich aber bin gekommen, um ihnen das Leben zu geben, Leben im Überfluss." Vielleicht haben wir das schon mal gehört, aber gar nicht verstanden, was Jesus uns da anbietet. Wenn er sagt, er ist gekommen, um uns „Leben zu geben" – was meint er damit überhaupt?

Wir bilden uns ein zu wissen, was Leben ist, aber wenn wir es definieren sollen, wird es plötzlich ganz schön schwierig. Wir könnten ja mal so anfangen: Leben ist die innere Kraft, etwas zu bewirken.

Wirf einen Stein – es wird nicht lange dauern, bis er aufhört, sich zu bewegen. Doch wenn du ein Samenkorn in die Erde legst, dann wird mit Sicherheit etwas passieren: Es schlägt Wurzeln, nimmt Nährstoffe auf, wächst und trägt Früchte. Wenn du im geistlichen Sinn lebendig bist, bekommst du Kraft von Gott – du entwickelst dich – und kannst Positives an deine Umgebung weitergeben.

Auf welche Weise gibt Gott dir Leben und Kraft? Wie kannst du das Folgende in dein Leben und deinen Alltag einbauen?

- Natur
- Geistliche Freundschaften
- Musik
- Alleinsein
- Mithelfen
- Lernen
- Leiten
- Kunst
- Ruhe
- Wettkampf

- Bibel
- Chillen
- Sport
- Familie
- Lange Gespräche
- Lachen
- Einsatz für eine Sache
- Camps und Freizeiten
- Hauskreis
- weiteres

Der Heilige Irenäus schrieb[4]: „In einem lebendigen Menschen verherrlicht sich Gott; und lebendig zu sein bedeutet, Gott zu schauen."

Teil 2

» Mit dem Geist fließen

Kapitel 3

» Der Strom

Ein Leben zu führen, das wächst und gedeiht, wie eine Pflanze auf fruchtbarem Boden, ist tatsächlich möglich.

Ich muss nicht drauf warten, dass sich die Dinge in meinem Leben ändern, damit ich so leben kann, wie Gott es sich ausgedacht hat. Ich muss es nur stärker wollen als alles andere. Normalerweise lasse ich mich jedoch in alle möglichen Gedankenwelten hineinziehen. Oder ich lasse meine Gedanken schweifen und denke an gar nichts.

Oder ich mache mir Sorgen. Über die Schule. Oder über meine heimliche Liebe (und wie ich ein Date hinbekommen könnte). Oder über das nächste Turnier oder ein Projekt, das fertig werden muss. Oder über meine Eltern. Irgendwie bilde ich mir ein, dass die Sachen besser werden, wenn ich mir darüber Sorgen mache, sodass ich am Ende froh und frei bin. (Von wegen!)

Jetzt kommt die Wahrheit: In Freiheit und Freude kann ich schon jetzt leben – ich brauche noch nicht mal meine Zeit mit Sorgen zu verschwenden. Ich brauche einzig und allein die Verbindung mit Gott. Wenn mein Hauptziel ist, genau jetzt und hier in enger Verbindung mit Gott zu leben, werden alle anderen Fragen neu sortiert. (Klingt ein bisschen zu einfach, oder? Aber es stimmt!) Aber: Wenn irgendwas anderes mein Hauptziel wird, leidet meine innere Lebendigkeit und ich werde zu einer ärmeren Version meines Ichs.

Meine Frau ist eine erfahrene Wasserskifahrerin. Im Sommerurlaub brachte sie einmal dem Rest der Familie das Wasserskifahren bei. Da ich vorher nur ein- oder zweimal auf Wasserskiern gestanden hatte, brauchte ich einige Runden um den See, um mich einigermaßen sicher zu fühlen. Dann beschloss ich, es einmal mit nur einem Ski zu versuchen, jedoch erzeugte das Boot nicht genug Kraft, um mich hochzuziehen. Als ich wieder ins Boot stieg, fiel mein Blick auf den Knopf, unter dem das Wort „Höchstleistung" stand. Ich hab zwar keine Ahnung von Booten und Motoren, aber dieser Knopf wirkte total vielversprechend. Wir wagten einen Versuch und ich hörte ein Surren. Später erfuhr ich, dass es die Schiffsschraube war, die viel tiefer ins Wasser gelassen wurde.

Ich positionierte mich also wieder hinter dem Boot, balancierte unsicher auf einem Ski und rief Nancy zu: „Gib Gas!"

Der Bug des Bootes hob sich im 45-Grad-Winkel aus dem Wasser und schoss davon wie eine Kanone. Das Problem hieß nun nicht mehr Aufstehen – es hieß Überleben! Ich fuchtelte wild durch die Luft, dass sie langsamer fahren sollten, aber wir hatten keine Zeichen vereinbart. Daher interpretierten die Kinder mein verzweifeltes Fuchteln als „noch schneller" und gaben absolut Vollgas. Ich wurde durch die Luft geschleudert wie ein Stein, der übers Wasser hüpft. Und seltsamerweise kam ich nicht auf die Idee, das Seil einfach loszulassen. Am Ende machte ich einen wunderschönen Bauch- und Gesichtsklatscher.

Sechs Monate lang konnte ich mit der rechten Gesichtshälfte nicht mehr lächeln. Trotzdem hatte ich herausgefunden, dass ich Wasserski fahren konnte – ich brauchte nur genug Antrieb.

Genauso gilt: Wenn du aus eigener Kraft das Ich werden möchtest, das Gott sich ausgedacht hat, ist das so, als würdest du versuchen, hinter einem Ruderboot Wasserski zu fahren.

Wir brauchen einen „Höchstleistungsknopf" für die Seele.

Aber wo finden wir den?

Über seine Fähigkeit, Menschen zu verändern, hat Jesus einmal ein atemberaubendes Versprechen gemacht:

„„Wer durstig ist, soll zu mir kommen und trinken, jeder, der mir vertraut! Denn in den Heiligen Schriften heißt es: Aus seinem

Innern wird lebendiges Wasser strömen.' Jesus meinte damit den Geist Gottes, den die erhalten sollten, die ihn im Glauben annehmen" (Johannes 7,37–39).

In der englischen King-James-Bibel steht sogar: „Aus seinem Bauch werden Ströme lebendigen Wassers fließen". Der Bauch ist total tief in dir drin – im Bauch spürst du Angst oder Sorgen, im Bauch fühlst du dich hohl oder leer, wenn du enttäuscht wurdest. An dieser tiefen Stelle, sagt Jesus, will er Lebendigkeit schaffen.

Dieses Leben können wir nicht selbst machen; es entsteht, ohne dass wir auch nur einen Finger rühren. Es wächst durch die Kraft von Gottes Geist. Egal, welches Buch wir im Neuen Testament aufschlagen, überall entdecken wir das Bild vom unvergleichlichen Leben, das uns Jesus durch den Heiligen Geist anbietet.

„Aber ihr werdet Kraft empfangen, wenn der Heilige Geist auf euch gekommen ist" (Apostelgeschichte 1,8; ELB).

„Ihr habt ihn nie gesehen und liebt ihn doch [...] und eure Freude ist grenzenlos" (1. Petrus 1,8; Hfa).

„Nehmt auf euch mein Joch, und lernt von mir! Denn ich bin sanftmütig und von Herzen demütig, und ihr werdet Ruhe finden für eure Seelen" (Matthäus 11,29; ELB).

Würdest du sagen, dass diese Verse dich beschreiben? Erlebst du „grenzenlose Freude"? Bescheinigen deine Freunde dir Bestnoten in der Kategorie „sanftmütig"?

Wenn Leute Ja zu Jesus sagen, erleben sie normalerweise so etwas wie Glaubens-Flitterwochen. Frischgebackene Christen sind voller Liebe zu Gott und fühlen sich von der Bibel magisch angezogen. Sie wollen anderen von ihrem Glauben erzählen. Sie lieben den Lobpreis. In ihrem Leben verändern sich auch manche Dinge. Vielleicht streichen sie ein paar schmutzige Ausdrücke aus ihrem Wortschatz. Vielleicht befreien sie sich von bestimmten Angewohnheiten.

Doch nach kurzer Zeit wird dieser Fortschritt abgewürgt. Aus meinem Leben fließen keine Ströme lebendigen Wassers mehr, sondern ich schreie meine Eltern oder Geschwister an. Ich mache mir zu viele Sorgen über die Schule oder meine Freund-schaften. Ich werde neidisch. Ich lüge, um mich aus der Affäre zu ziehen oder um etwas Bestimmtes zu bekommen. Ich beurteile Leute vorschnell und blicke auf sie herab. Mein Gebetsleben gleicht einer Berg- und Talfahrt. Ich stecke fest, hänge in einem Zwiespalt.

Nach Gottes Plan sollst du die beste Version von dir selbst wer-den, aber momentan gibt es zwei Versionen von dir: Das Ich, das Gott sich ausgedacht hat – und das Ich, das du momentan bist.

Was machst du mit diesem Zwiespalt?

Die Kluft überbrücken

Unser Problem ist, dass wir meinen, wir müssten mit der eigenen Intelligenz aus diesem Zwiespalt herauskommen. Manche glau-ben, sie müssten sich einfach mehr anstrengen, um die Kluft zwi-schen dem Ich, das Gott sich ausgedacht hat, und dem Ich, das ich jetzt bin, zu schließen. Sie finden ihre geistlichen Anstren-gungen momentan einfach noch nicht heldentauglich: „Ich strenge mich noch mehr an. Ich versuche, netter zu den Leuten in meiner Jugendgruppe zu sein. Ich bete mehr. Ich passe in der Schule besser auf."

Du hörst von jemandem, der morgens total früh aufsteht, um zu beten. Sofort bekommst du ein schlechtes Gewissen und glaubst, du würdest zu wenig beten. Also entschließt du dich, auch so früh aufzustehen (obwohl du eigentlich ein Morgenmuf-fel bist). Du ziehst es eine Weile durch, obwohl du jeden Morgen beim Aufstehen noch ziemlich benommen, müde und schlecht gelaunt bist. In dem Zustand will dir keiner über den Weg laufen. Du denkst: *Das macht mich fertig, es ist grässlich. Ich mag das frühe Aufstehen nicht – darum ist es bestimmt Gottes Wille für mein Leben.* Du hältst ein paar Tage oder Wochen oder sogar Monate durch – aber nicht ewig. Irgendwann hörst du auf. Dann kommt das schlechte Gewissen. Wenn sich genug schlechtes Ge-wissen angesammelt hat, fängst du was anderes an.

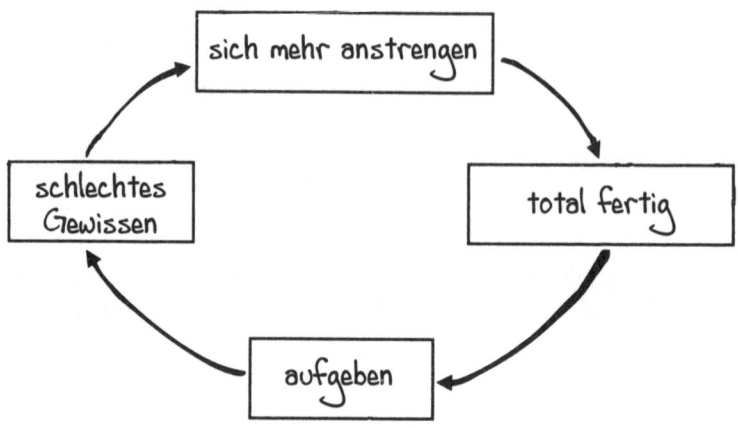

Manchmal können wir geschickt vortäuschen, nicht mehr in der Kluft zu stecken. Dann mogeln wir. Wir reden so, als würden wir näher bei Gott sein, als wir es in Wirklichkeit sind, als würde die Sünde uns innerlich todtraurig machen, obwohl das nicht stimmt. Manche Leute hetzen von einem Glaubenserlebnis zum nächsten und übergeben Gott auf Camps, Freizeiten oder in Gottesdiensten ständig aufs Neue ihr Leben. Sie hoffen, wieder die Gefühle heraufbeschwören zu können, die sie bei ihrer ersten Begegnung mit Gott hatten. Und dann driften sie wieder ab.

Am Anfang unseres Lebens mit Gott ist uns die Kluft bewusst, die zwischen uns und Gott steht – die Trennung von Gott aufgrund der Sünde.

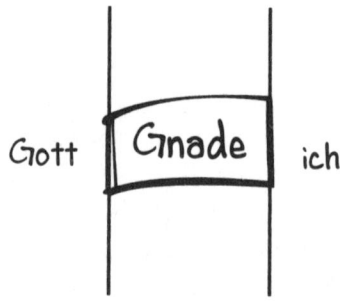

Es fällt uns nicht schwer zu verstehen, dass unsere Bemühungen und guten Taten diese Kluft nicht überbrücken können. Gottes Liebe und Vergebung können wir uns nicht verdienen; die Rettung kommt aus Gottes Gnade, sie wird durch Gottes Kraft möglich und uns von Gottes Geist angeboten. Darum vertrauen wir unser Leben Gott an.

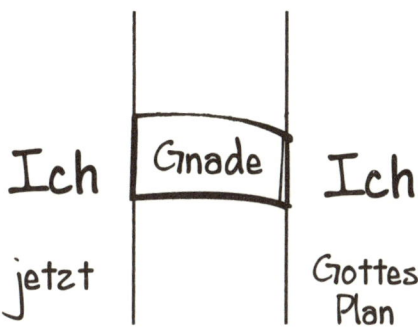

Noch immer gibt es eine Kluft.

Nun befindet sich die Kluft zwischen dem Ich, das ich jetzt bin, und dem Ich, das ich sein soll – zwischen dem „Ich jetzt" und dem „Ich nach Gottes Plan". Doch hier liegt das Problem: Viele von uns denken, es sei *unsere* Aufgabe, diese Kluft zu schließen. Doch auch das können wir selbst nicht schaffen. Diese Kluft kann nur mit der Gnade überbrückt werden. Selbst ein besserer Mensch zu werden, ist genauso unmöglich wie sich selbst zu retten! Gottes Plan beinhaltet nicht nur, dass wir durch Gnade *gerettet* werden – sondern auch, dass wir in der Gnade *leben*. Gottes Plan für mein tägliches Leben ist, dass seine Gnade mich beschenkt, führt, beschützt und lebendig macht. In der Gnade leben heißt, mit dem Geist zu fließen.

Gottes Plan beinhaltet ★ nicht nur, dass wir durch Gnade gerettet werden – sondern auch, dass wir in der Gnade leben.

Jetzt sind wir beim Kerngedanken dieses Buches angelangt (falls dir beim Lesen sonst noch nicht viel hängen geblieben ist, merk dir bitte diesen einen Satz!): *Das Ich, das Gott sich für dich ausgedacht hat, kannst du nur werden, wenn Gottes Geist durch dich fließt wie ein Strom von lebendigem Wasser.* Der Rest des Kapitels soll deutlich machen, was es heißt, jeden einzelnen Augenblick im Strom des Geistes zu leben – nicht durch Regeln und Anstrengungen. So bekommst du die Kraft, als die Person zu leben, die Gott sich ausgedacht hat.

★ Das Ich, das Gott sich für dich ausgedacht hat, kannst du nur werden, wenn Gottes Geist durch dich fließt wie ein Strom lebendiges Wasser.

Strömendes Leben

Im Johannesevangelium verwendet Jesus als Vergleich für das Leben mit dem Geist einen Fluss. 150 Mal kommt in der Bibel der Begriff „Fluss" vor, oft wird er gebraucht als Bild für geistliches Leben. Das hat seinen Grund. Das Land Israel bestand hauptsächlich aus trockener, staubiger Wüstenlandschaft. Dort ist ein Fluss also ein einleuchtendes Sinnbild für Leben. Ein Fluss ist Sinnbild für Gnade. Über den Garten Eden, das Paradies, wissen wir nicht viel, aber wir wissen, dass ein Fluss hindurchfloss. *Ein Fluss entsprang in Eden und bewässerte den Garten.* (1. Mose 2,10; Hfa)

Wenn ein Fluss voll Wasser ist, gedeiht in ihm und an den Ufern Leben. Wenn ein Fluss austrocknet, stirbt das Leben ab. Genauso ist es mit dir und dem Geist. Der erste Mensch war nur ein Klumpen Lehm, bis Gott ihm den „Atem des Lebens" einhauchte (vgl. 1. Mose 2,7). (Im Hebräischen wird für *Atem* dasselbe Wort benutzt wie für *Geist*.) Ein Zeichen dafür, dass du im Strom des

Geistes stehst, ist das Gefühl, dass eine von Gott geschenkte Lebendigkeit und Fröhlichkeit aus dir heraussprudelt.

Als unser Sohn drei Jahre alt war, wollte er sich aus einer sehr vollen Packung Milch einschenken. Nancy war nicht so begeistert, denn bei unseren drei kleinen Kindern gab es sowieso schon genug Kleckereien. Aber der Drang des Kleinen war so stark, dass Nancy es mit der Ermahnung, vorsichtig zu sein, erlaubte. Seine kleinen Hände hoben die Riesenpackung an, die beinahe vier Liter fasste, und gossen die Milch schwungvoll ins Glas. Doch Wunder über Wunder – der Schwall stoppte gerade noch rechtzeitig. Das Glas war nicht nur voll, die Milch wölbte sich sogar nach oben. Kein Tropfen daneben. *Preist den Herrn.*

Aber dann war Johnny so aufgeregt, dass er das Glas nahm und es – wieder total schwungvoll – von der Anrichte zum Tisch brachte. Und dabei schwappte eine Riesenmenge Milch über.

Wenn ich angerempelt werde, zeigt das, was aus mir herausplatzt, ganz deutlich, was in mir drin ist. Paulus hat in seinen Briefen von Leuten geschrieben, die „voller Geist" sind. Was von ihnen überschwappte, konnte total viel bewirken. Jesus versprach seinen Nachfolgern, dass sie Kraft empfangen würden, wenn der Geist kommt. Wenn der Geist in dir fließt, bekommst du die Kraft, das Ich zu werden, das Gott sich ausgedacht hat.

Du wirst … du wirst einfach mehr du selbst.

Im Strom der Gegenwart Gottes

Was ist, wenn Gott wirklich zu jeder Zeit und an jedem Ort am Werk ist? Was ist, wenn du einfach nur in den Fluss springen musst? Was ist, wenn du einfach nur herausfinden musst, wie du dir jeden Augenblick des Tages Gottes Geist bewusst machst, damit aus deinem Bauch, aus deinem Innersten, Ströme von lebendigem Wasser fließen können?

Der Apostel Paulus gibt uns eine eindeutige Anweisung. Die Sache ist ganz einfach: „Unterdrückt nicht das Wirken des Heiligen

Geistes" (1. Thessalonicher 5,19). Der Geist wirkt nämlich schon in dir. Jesus sagt: Wenn du dein Herz für ihn aufgemacht hast, wenn du mit ihm lebst, ist der Geist da. Der Geist ist größer und stärker als du … er geht geduldiger mit deinen Fehlern, deinen Unvollkommenheiten und deinen Täuschungsversuchen um als du. Der Geist will dir unbedingt helfen, 24 Stunden am Tag, 7 Tage die Woche. Darum sagt Paulus gewissermaßen, dass das Einzige, was du tun musst, darin besteht, dem Geist nicht in die Quere zu kommen.

Spring rein!

Der Heilige Geist ist immer bereit, dich zur besten Version von dir zu führen. Allerdings ist es oft so, dass ich gar nicht geführt werden will! Ich will jemanden am liebsten auf den Mond schießen oder mir das beste Stück vom Kuchen sichern oder eine Notlüge bemühen, um mich aus der Affäre zu ziehen. Ich will den Geist unterdrücken. Es braucht Zeit und eine Menge Grips, um alte Gewohnheiten zu ändern. Doch der Geist Gottes ist hartnäckig. Das Einzige, was du jeden Augenblick deines Lebens haben musst, ist der echte Wunsch, unter der Führung von Gottes Geist zu leben. Wir brauchen uns keine Sorgen darüber zu machen, wie Gott reagieren wird; wenn wir aufrichtig sind, brauchen wir nicht zu befürchten, dass Gott böse ist.

Vor ein paar Jahren war ich mal in einer abgelegenen Gegend unterwegs, wo ich mich nicht auskannte. Als ich mein Mietauto abholte, sagte der Typ von der Autovermietung: „Sie können zum Auto auch ein Navi dazu mieten, mit dem Sie immer den richtigen Weg finden." So ein Teil ist eine geniale Sache. Ich finde es abgefahren, dass man einfach sein Ziel eintippt und dann eine Stimme einem sagt, wo man langfahren muss.

„Nehmen Sie es dazu?", fragte er.

Meine erste Reaktion war: „Nein. Das ist mir zu teuer. Ich finde mich auch ohne das Ding zurecht."

Als ich dann jedoch zum Parkplatz ging, konnte ich noch nicht einmal mein Mietauto finden! Ich hatte die Stellplatznummer vergessen. Also musste ich zurück zu dem grinsenden Typen und sagte kleinlaut, dass ich jetzt doch ein Navi wollte.

Die Stimme in diesem Gerät hatte einen britischen Akzent, obwohl ich in den USA war. Weißt du warum? Weil Amis finden, dass Engländer mit ihrem Akzent klüger wirken. Und es war eine Frauenstimme, weil … naja, gleicher Grund.

Ich war also unterwegs und die Navistimme sagte: „Jetzt links abbiegen." Ich bog links ab. Ich befolgte die Anweisungen der Stimme und kam wirklich zu meinem Ziel.

Im Strom des Geistes leben heißt also, zu tun was Jesus sagt. Ich mache noch immer ganz schön viele Fehler – versteh mich nicht falsch. Gerade weil ich nicht perfekt bin, brauche ich seine Kraft. Darum bete ich: „Gott, mit deiner Hilfe und so gut ich kann, mache ich, was du sagst. Ich geb dir mein Leben, meine Zeit, meinen Gehorsam."

Noch etwas sollst du wissen – ich habe dir vorhin noch nicht mein ganzes Navi-Abenteuer erzählt. Ich fuhr also in einer Gegend herum, in der ich mich überhaupt nicht auskannte. Trotzdem war ich mir an einer Stelle ziemlich sicher, dass die Navi-Stimme eine falsche Anweisung gab. Sie sagte: „Jetzt links abbiegen", aber ich bog nicht links ab. Ich bog nach rechts ab, weil ich *wusste*, dass sie falsch lag. Die Antwort war faszinierend: „Die Route wird neu berechnet. Falls möglich, bitte wenden." Ich *wusste*, dass die Stimme noch immer nicht recht hatte, darum zog ich den Stecker des Navis.

Und – wer hätte das gedacht – ich verfuhr mich ganz fürchterlich! (Meine Frau fand das übrigens total witzig.) Also stöpselten wir das Navi wieder ein, und weißt du, was die Stimme sagte?

Ich hab's dir doch gesagt, du Idiot. Meinst du, dass ich dir jetzt noch helfe? Keine Chance. Du hast mich nicht gewollt. Jetzt musst du schon selber wissen, wie du heimkommst!

Natürlich hat die Stimme das nicht gesagt.

Und auch Gott ist nicht so. Vielmehr sagt er: „Das ist dein Weg nach Hause. Bitte wende, wenn du bereit bist, auf mich zu hören, wenn du bereit bist, dich unterzuordnen." Das ist Umkehr.

Dann sagt Gott: „Gut, jetzt bringe ich dich heim." Das ist Gnade.

Jesus ist der Einzige, der zuverlässig weiß, wie man sein Leben am besten führen kann. Er ist der Einzige, der deine und meine Sünden vergeben kann. Er ist der Einzige, der eine realistische Hoffnung bietet, den Tod zu besiegen. Für alle, die zu ihm hingehen, ist Jesus der Durst-Löscher, der Lebens-Schenker, der Geist-Geber. Egal, wie sehr du früher umhergeirrt bist; wenn du echt und ehrlich Gott zuhören und ihm gehorchen willst, *dann brauchst du dir nie wieder Sorgen zu machen, dass Gott böse auf dich sein könnte.*

So ist Gott nicht.

Kapitel **4**

» Wachsen – wie geht das?

Als sich ein Hirtenjunge namens David auf den Kampf gegen den Riesen Goliath vorbereitete, kam ihm König Saul zu Hilfe. (Du kannst das selbst in 1. Samuel 17 nachlesen.) Doch machte König Saul einen fatalen Fehler, der auch uns sehr oft passiert, wenn wir selbst unsere eigenen Kämpfe durchmachen: Er dachte, was für *ihn* hilfreich ist, wird auch für *David* hilfreich sein. Darum zog Saul – der einen Kopf größer war als alle anderen Männer in Israel – David seine eigene Rüstung an, setzte ihm seinen Helm auf und gab ihm sein Schwert. David machte ein paar Schritte, so steht es in der Bibel, aber es klappte nicht. Saul – ein Erwachsener, ein Krieger – hatte Größe XXL; David dagegen – ein Teenager, ein Hirtenjunge – hatte Größe S. Sauls Sachen passten David nicht. Sauls Helm war zu groß, sein Schwert zu schwer und die Rüstung machte David zu langsam.

Zum Glück war David schlau und mutig genug, das Problem anzusprechen. „Das geht nicht! Ich kann mich ja kaum darin bewegen", sagte David, „außerdem habe ich noch nie eine Rüstung getragen." David musste Sauls Ausrüstung ablegen und das benutzen, was *ihm* half: eine Schleuder, ein paar Steine und flinke Beine. Am Ende schickte Saul David mit der größten Hilfe los, die er ihm geben konnte: „Der Herr wird dir beistehen!" (1. Samuel 17,37).

Der größte Kampf im Leben ist immer ein geistlicher Kampf: Ich kämpfe gegen die Wut, die Habgier, den Hass und die Mächte, die mich davon abhalten, Gottes Geist in mir und durch mich fließen zu lassen. Wie oft beladen wir uns mit den Waffen, die jemand anderem in *seinem* Kampf geholfen haben? Wir hören von anderen, wie intensiv sie beten oder davon, dass sie morgens oder abends in der Bibel lesen, wir hören ihren Lobpreis oder erfahren von ihrer Hilfsbereitschaft – und fühlen uns schlecht, wenn wir nicht das Gleiche tun. Wir sind frustriert, weil die Dinge, die bei einem anderen funktionieren, für uns nicht besonders hilfreich sind. Wir sind wie David, der versucht, in Sauls Rüstung herumzulaufen.

Der Apostel Paulus hat einmal gesagt: „Legt die Waffen an, die Gott euch gibt." Gott rüstet uns mit dem Nötigen aus. Zur Waffenrüstung, die er uns gibt, gehören Wahrheit, Frieden, Gebet und Glaube. Keine Sorge, diese Montur wird dir garantiert passen! Wenn David mit Sauls Rüstung in den Kampf gezogen wäre, hätte er verloren. Gott wusste, was Saul brauchte. Er wusste, was David brauchte. Und er weiß auch, was du brauchst. (Übrigens, die Story über die Waffenrüstung Gottes kannst du im Epheserbrief, Kapitel 6,10–20 nachlesen.)

★ Wir sind ganz und gar Gottes Werk. Durch Jesus Christus hat er uns so geschaffen, dass wir nun Gutes tun können. Er hat sogar unsere guten Taten im Voraus geschaffen, damit sie nun in unserem Leben Wirklichkeit werden. (Epheser 2,10)

Die Bibel sagt nicht, dass du Gottes *Maschine* bist; sie sagt, dass du sein Werk, Gottes Meisterwerk, bist. Maschinen werden in Serie produziert; Meisterwerke werden von Hand hergestellt. Gott hat dich nicht genauso gemacht wie jemand anderen. Darum entspricht auch Gottes Plan, wie er dich formen möchte, nie ganz genau dem Plan, wie er jemand anderen formen möchte. Wenn du dich an einen allgemeingültigen Plan für Wachstum im Glauben halten willst, bringt das nur Frust. Doch Gott möchte dir Freiheit schenken. Es ist Zeit, dass du nicht mehr in einer Rüstung herumläufst, die dir nicht passt!

Der Weg der Freiheit

Was eine Tulpe zum Wachsen bringt, würde einen Kaktus ertränken. Was eine Maus ernährt, würde einen Elefanten verhungern lassen. Alle Lebewesen brauchen Licht, Nahrung, Luft und Wasser – aber in unterschiedlichen Mengen und unter verschiedenen Bedingungen. Der Trick ist: Man muss die individuellen Lebensbedingungen herausfinden, die jedes einzelne Geschöpf wachsen lassen.

Stell dir eine Arztpraxis vor, in der jeder Patient gesagt bekommt: „Nimm zwei Aspirin und melde dich morgen wieder." Wenn ich Kopfweh habe, ist das vielleicht genau der richtige Rat, aber wenn mein Blinddarm soeben geplatzt ist, wäre ich morgen tot. Stell dir einen Laden vor, in dem nur eine einzige Sorte T-Shirts verkauft werden – eine Farbe, ein Schnitt, ein Material, eine Größe. Es gibt keine „Einheitsgrößen-Shops", weil Gott die Menschen in unterschiedlichen Größen geschaffen hat.

Wenn wir anderen wirklich helfen wollen, im Glauben zu wachsen, müssen wir ihnen auf eine Art und Weise helfen, die zu ihrem jeweiligen „Strickmuster" passt, das heißt, zu ihrer persönlichen Wesensart. Unser großes Vorbild dafür ist Gott selbst, weil er immer haargenau weiß, was jeder Mensch braucht.

Gott verordnete Mose vierzig Jahre Auszeit, er gab David eine Harfe und Paulus eine Feder und eine Schriftrolle.

Er kämpfte mit Jakob, argumentierte mit Hiob, flüsterte dem Propheten Elia leise zu, warnte Kain und tröstete die Magd Hagar.

Jesus war streng zu dem reichen Jüngling, liebevoll zu der Ehebrecherin, geduldig mit den Jüngern, wütend auf die Schriftgelehrten, sanft zu den Kindern und gnädig mit dem Verbrecher am Kreuz.

Gott formt nie zwei Leute auf die gleiche Art und Weise. Gott ist ein Handwerker, kein Fließbandarbeiter.

Jetzt bist du dran.

Gott existiert zwar seit Ewigkeiten, aber noch nie hat er eine

Beziehung zu dir gehabt – zu der Person, als die er *dich* geschaffen hat. Gott will mit dir etwas Neues anfangen. Wenn es um den Glauben geht, stolpern viele Christen immer wieder über das gleiche Problem: Sie hören von sogenannten Experten, was die in ihrem Leben so alles machen, und meinen dann, genau das Gleiche tun zu müssen. Wenn der Rat des Experten bei ihnen nicht funktioniert, bekommen sie ein schlechtes Gewissen, fühlen sich minderwertig, und oft geben sie irgendwann entnervt auf.

Gott hat einen einzigartigen Plan für dich. Der sieht nicht genauso aus wie der Plan für jemand anders. Darum brauchen wir Freiheit und Entdeckerlust um herauszufinden, wie wir mit Gott wachsen können. Dabei geht es immer um Handarbeit, nie um Fließbandarbeit. Gott schafft uns nicht als geklonte Exemplare in Einheitsgröße.

Als Jesus für seine Jünger betete, betete er nicht: „Lass sie alle völlig identische Gebetsformen haben"; sondern er betete: „Lass sie alle mit dir eins sein" (nach Johannes 17,21). Der Maßstab für deine Hingabe an Gott ist nicht dein Gebetsleben, sondern schlicht und einfach dein Leben.

Wenn du im Glauben wachsen willst, ohne zu berücksichtigen, wer du eigentlich bist, ist das so, als würdest du zwei Sportlern dasselbe Fitnessprogramm verordnen. Wenn du eine 40-Kilo-Turnerin und einen 130-Kilo-Gewichtheber haargenau dieselben Übungen trainieren lässt, wird das Ergebnis entsprechend mies ausfallen. Einleuchtend, oder?

★ Im Glaubensleben geht es um Handarbeit, nicht um Fließbandarbeit. Gott schafft keine „Einheitsgrößen".

Aber wenn es um das Wachstum im Glauben geht, dann handeln wir oft in einer Weise, die wenig Raum für das individuelle Wirken von Gottes Geist lässt. Doch nur Gott lässt Dinge wachsen – und dieses Wachstum ist nicht immer vorhersehbar.

Was muss ich also wissen, damit ich lernen kann, wie Gott mir beim Wachstum helfen möchte?

Was macht mich lebendig?

Wenn du mal eine richtige Gesprächsbremse brauchst, kannst du deinen Gesprächspartner ja mal folgende Frage stellen: „Wie läuft es eigentlich mit deiner Stillen Zeit?" Die meisten betrachten die Stille Zeit nämlich als ein Punkt auf ihrer geistlichen To-do-Liste, die sie der Reihe nach abarbeiten müssen, und sagen sich ständig: *Ich krieg es nicht so oft auf die Reihe, wie ich eigentlich sollte, und jetzt hab ich ein schlechtes Gewissen, sobald ich nur dran denke.* Darum hier noch eine andere Frage – vielleicht sogar eine bessere: „Wobei fühlst du dich so richtig quicklebendig?"

Vielleicht fühlst du dich quicklebendig, wenn du einen langen Spaziergang bei Sonnenuntergang machst, oder beim Lesen eines tollen Buches, wenn Inhalt und Sprache dich total fesseln. Vielleicht fühlst du dich quicklebendig beim Gespräch mit guten Freunden am Lagerfeuer, beim Filmegucken oder einem Theaterbesuch, bei dem du total inspiriert wirst. Oder du lebst beim Joggen oder Radfahren förmlich auf. Oder wenn du deinem Hobby nachgehst oder ein Instrument spielst ...

Mit der Stillen Zeit beziehungsweise mit anderen geistlichen Übungen ist das genauso: All diese Tätigkeiten sollen dir dabei helfen, dich quicklebendig zu fuhlen. (Eine geistliche Übung ist einfach eine Aktivität, bei der du durch Gottes Geist, den Geist des Lebens, innerlich lebendiger wirst.)

Natürlich ist damit jetzt nicht gemeint: „Mach, worauf du grad Bock hast." Zu lange vor einem Videospiel hocken oder zu viel essen oder mit gefährlichen Sachen experimentieren, kann sich vielleicht im ersten Moment gut anfühlen. Aber am Ende können uns diese Aktivitäten auch in Schuldgefühle, Sucht und Reue treiben.

Was uns zum Leben bringt, sind nicht unbedingt die Dinge, die sich locker und easy anfühlen. Geld verschenken oder Sünden bekennen kann erst mal viel Überwindung kosten oder beängstigend sein, doch hinterher wissen wir, dass wir das Richtige getan haben.

Unser „Frommsein" messen wir oft daran, inwieweit wir eine merkwürdige Liste einhalten, auf der steht, was bei geistlichem Wachstum „zählt". Dabei sollen wir unseren Glauben lieber an dem messen, was uns lebendig macht: großzügig miteinander teilen, jemandem geduldig zuhören, mit Dankbarkeit eine Mahlzeit zu uns nehmen, still nachdenken, glücklich spielen – das alles zählt! Jeder Augenblick bietet uns die Gelegenheit, im Strom von Gottes Geist zu leben.

Lebendig sein statt etwas tun müssen, darauf kommt es an. Denn keine Beziehung wird lange halten, wenn sie auf dem Wörtchen „sollen" aufgebaut ist. Meine Familie, meine Freunde – sogar mein Hund – wollen nicht, dass ich nur deshalb Zeit mit ihnen verbringe, weil ich das *soll*. Weil sie mich lieb haben, geben sie mir Freiheit; und in dieser Freiheit wächst mein Wunsch, mit ihnen zusammen zu sein.

Genauso ist es bei Gott. Wo der Geist ist, da ist Freiheit. Es klingt vielleicht komisch, aber wenn ich mir vorstelle, dass Gott mir Freiheit von den vielen langweiligen „Das-sollte-ich-eigentlich-machen-Übungen" schenkt, finde ich Gott gleich viel sympathischer und mag ihn viel mehr. Mit so einem Gott will ich gern Zeit verbringen!

Dauerhaftes geistliches Wachstum entsteht, wenn ich das auch wirklich tun *möchte*, was ich tun *soll*. Das bedeutet, dass ich meine Ansichten von dem, was „geistlich" ist, ändern muss. Denn keine Aktivität ist von sich aus geistlich. Es geht bei allen Dingen immer darum, ob du sie mit und durch den Geist Gottes machst – oder nicht.

Was ist mein Temperament?

Jeder Mensch hat ein Temperament, man kann auch sagen, eine „Persönlichkeit". Das heißt, dass dir bestimmte Tätigkeiten im Blut liegen und dir leichter fallen als anderen. Die verschiedenen Temperamente sind alle gleichwertig; es gibt keine, die besser sind als andere. (Obwohl ich mir gern vorstelle, dass die Persönlichkeit von Jesus meiner sehr ähnlich war. Ha, ha!) Jeder braucht Zeiten für sich allein. Doch wenn du von der Persönlichkeit her eher schüchtern und introvertiert bist, hast du ein stärkeres Bedürfnis, dich vor Menschen, Lärm und Aufgaben zurückzuziehen, um eine Weile für dich zu sein.

Für mich klingt der Gedanke, wegzugehen und allein zu sein, fast immer reizvoll. Aber leider ergibt es sich fast nie von selbst, dass ich Zeit für mich habe. Ich habe das Gefühl, dass immer etwas los ist, was mich ablenkt. Ich muss die Einsamkeit bewusst suchen. Die einfachste Methode ist, meinen Kalender zu nehmen und einen Tag zu finden, an dem ich noch keine Termine habe. Den markiere ich und halte ihn frei, um irgendwo hinzufahren, wo ich gern bin – in der Natur oder an einem anderen Ort, der erholsam für mich ist.

Es gibt Menschen, die sich jetzt fragen, wie lange sie denn allein sein sollten. Die gute Nachricht ist: Du kannst einfach alles ausprobieren, denn bei geistlichen Übungen geht es um Freiheit. Wenn du es noch nie versucht hast, fängst du einfach mit einer Viertelstunde an. Wenn du das ein paar Mal ausprobiert hast, bist du vielleicht erstaunt, wie hilfreich das ist – und wie viel Zeit du so mit Gott verbringen kannst.

Wenn du eher ein kontaktfreudiger Mensch bist, ist die Vorstellung, eine Stunde oder gar einen ganzen Tag lang allein zu sein, vielleicht der reinste Horror für dich. Probiere trotzdem mal aus, eine Viertelstunde allein zu sein. Denk aber dran, dass es nicht darum geht, wie viel Zeit du in der Einsamkeit verbracht hast, sondern um den Geist Gottes. Selbst wenn du introvertiert bist und die Einsamkeit magst, bedeutet das noch lange nicht, dass du geistlicher bist als deine extrovertierten Freunde, die sich auf ganz natürliche Weise zu Leuten und Partys hingezogen fühlen. Und wenn du extrovertiert bist, hast du möglicherweise einen Vorsprung beim Thema „die Menschen lieben", weil solche Situationen eine natürliche Anziehungskraft auf dich ausüben.

Ein Bekannter von mir ist total extrovertiert und gleichzeitig ein Gefühlstyp. Er ist am offensten für den Geist Gottes, wenn er bis zum Hals im Kummer eines anderen Menschen steckt. Interessanterweise wird genau dann seine Seele quicklebendig, wenn er durch Gespräche jemand anderem hilft. Also hat er herausgefunden, dass er häufig solche Gespräche braucht.

Manche Leute sehnen sich aufgrund ihrer Persönlichkeit nach Regelmäßigkeit, Ordnung und klaren Vorgaben. Wenn das auf dich zutrifft, können dir feste Zeiten fürs Gebet und Listen mit Personen und Gebetsanliegen helfen, „online" mit Gott zu bleiben. Ich kenne eine Frau, die dir seitenlange Gebetslisten zeigen könnte und seitenlange Gebetserhörungslisten. Diese Listen sind für sie unendlich wertvoll. Wenn du dagegen ein eher spontaner Typ bist, wird dein Gebetsleben nie so aussehen. Vielleicht hast du es schon einmal mit einer Liste versucht und irgendwann frustriert aufgegeben. Und seither verfolgte dich deswegen ein schlechtes Gewissen. Dabei lag es nicht daran, dass du Gott nicht liebst – du bist einfach kein Listentyp!

Gott will dich mit Leben erfüllen, aber du kannst nicht gefüllt werden, wenn dich eine Sache ganz in Anspruch nimmt, die dir überhaupt nicht liegt. Spontane Menschen sind genauso fähig zu lieben wie durchorganisierte Menschen – sie sind nur ein bisschen unordentlicher. Ich kenne einen Mann, der oft spazieren geht und seine Spaziergänge nutzt, um zu beten. Durch das Gehen hat er ständig etwas anderes vor Augen – und das hilft ihm, sich besser auf Gott zu konzentrieren.

Was ist mein Lernstil?

Zum Glück ist geistliches Wachstum nicht nur was für Leute, die eh gern in die Schule gehen. Auch in Bezug auf das Lernen hat Gott uns nämlich ganz unterschiedlich geschaffen. Einer ist vielleicht richtig intelligent und liebt Gott von ganzem Herzen, aber er hasst Lesen. Geistliche Übungen, bei denen man viel lesen muss, sind daher gar nichts für ihn. Trotzdem hat er ein riesiges Wachstumspotenzial. Er ist wirklich schlau – aber eben keine Leseratte. Er lernt eher durch Zuhören, aus Unterhaltungen und Vorträgen.

Andere lernen hauptsächlich durch die Praxis. Wenn ich zum Beispiel etwas zusammenbauen muss, lese ich die Anleitung erst siebenmal durch, bevor ich Stecker A in Schlitz B schiebe. Mein Freund Sam hingegen ist ein Zupacker. Er würde sogar versuchen, ein Atomkraftwerk aufzubauen, ohne vorher auf den Bauplan zu schauen. Seine Lernmethode heißt „Probieren geht über Studieren" (und das ist auch okay, solange er nicht *meinen* Fallschirm packt). Vorträge werden bei Sam nie zu maximalem Wachstum führen. Dagegen ist eine Stunde Praxis für ihn so viel wert wie zehn Stunden Zuhören.

Lernstile

visuell	–	lernt am besten durchs Sehen
auditiv	–	lernt am besten durchs Hören
anfassend	–	lernt am besten durch die Praxis
mündlich	–	lernt am besten durchs Sprechen
sozial	–	lernt am besten in Gruppen
logisch	–	lernt am besten in aufeinander aufbauenden Schritten
fantasievoll	–	lernt am besten durch Kunst, Geschichten und Bilder

Eine andere Freundin von mir, Lee, lernt am besten, wenn ihre Gefühle total angesprochen werden. Am besten merkt sie sich Sachen, die durch Vorstellungskraft, Kunst und andere Menschen vermittelt werden. Ihr Mann hat hingegen nur ungefähr alle zehn Jahre ein echtes Gefühl. Gefühle stören ihn regelrecht beim Lernen.

Du hast einen natürlichen Wissensdrang, aber du hast auch einen natürlichen *Lernstil*. Wenn jemand häufiger als du in der

Bibel liest, heißt das nicht zwingend, dass derjenige Gott mehr liebt als du – vielleicht liest er nur lieber als du. Probier darum einfach verschiedene Lernstile aus um herauszufinden, welcher am besten zu dir passt.

Dein Weg zum Wachstum wird immer ein bisschen anders aussehen als der von anderen. Quasi einzigartig, wie es *dir* entspricht. Der Weg wird nicht immer leicht sein. Aber es gibt etwas, das immer möglich ist – es wird dir helfen zu wachsen – und diese Möglichkeit schauen wir uns jetzt mal an.

Kapitel 5

» Die Entscheidung, die immer was bringt

Es gibt einen Gott. Du bist es nicht.
Das ist der Anfang der Weisheit. Auf den ersten Blick könnte man meinen: „Schade, schlechte Nachricht". Weil wir es doch so gerne hätten, wenn die ganze Welt nach unserer Pfeife tanzen würde. Ich hätte gern alle meine Bedürfnisse gestillt. Ich würde gern meinen Willen durchsetzen. Aber wenn wir etwas länger darüber nachdenken, fällt uns auf, dass dieser Gedanke eine total gute Nachricht ist.

Der Satz bedeutet nämlich, dass ein viel Klügerer und Kompetenterer als wir die Show organisiert. Es ist sein Job, Gott zu sein; und es ist mein Job, ihn sein zu lassen, wer er ist. In der Bibel steht: „Die Unverständigen reden sich ein: ‚Es gibt keinen Gott!'" Ich glaube, ein wohl noch größerer Dummkopf sieht in den Spiegel und denkt: „*Jetzt* gibt es *doch* einen Gott!" (Psalm 14,1; Psalm 53,2). Vor ewig langer Zeit, im ersten Buch der Bibel, wurden Adam und Eva von der Idee verführt, „wie Gott" sein zu wollen (siehe 1. Mose 3,5). Das wirkliche Leben beginnt jedoch erst, wenn ich den falschen Gott – mein Ego – begrabe.

Jesus sagte, dass aus unserem Bauch Ströme von lebendigem Wasser fließen können (siehe Johannes 7,38). Damit das geschehen kann, ist eine Entscheidung erforderlich: Ich muss mich Gott *ausliefern*. Mich ihm ganz hingeben. Auch wenn ich mir nicht sicher bin, was ich tun soll, kann ich mein Leben in Gottes

Hände legen. Um das zu tun, müssen wir unseren größten Ängsten ins Auge blicken.

Wer sitzt am Steuer deines Lebens?

Vielleicht freust du dich ja, irgendwann in naher oder nächster Zukunft deinen Führerschein machen zu können. Fahren ist so aufregend, so genial! Nur vielleicht nicht so sehr für deine Eltern … wenn du in Papas Auto am Steuer sitzt.

Wenn meine Kinder Autofahren lernen und den Führerschein machen, übergebe ich ihnen den Autoschlüssel – im wörtlichen und im übertragenen Sinne. Sie wechseln vom Beifahrersitz auf den Fahrersitz. Bis dahin hatte immer ich das Steuer in der Hand; ich entschied über das Ziel, den Weg dorthin und die Geschwindigkeit. Ich hatte also das Sagen.

Allerdings wohnen wir in einem Viertel mit kurvenreichen, labyrinthähnlichen Straßen. Egal, wo wir hinfahren – selbst wenn es nur drei Blocks weit entfernt ist –, es wird von irgendeinem Familienmitglied die Route hinterfragt. „Warum fährst du hier lang? Das ist doch ein Umweg! Du hättest da lang fahren sollen." Dann muss ich sie daran erinnern, dass es *mein* Auto ist. Dass es *mein* Autoschlüssel ist. Und dass dieser Weg *mein* Weg ist.

Ich kann nichts dagegen tun. In meiner Familie möchte halt jeder selbst hinterm Steuer sitzen.

Den meisten von uns geht es ähnlich, wenn es um das Leben geht – im tiefsten Inneren wollen wir selbst über die Dinge bestimmen. Trotzdem finden viele von uns es auch ganz praktisch, wenn Jesus auf dem Beifahrersitz mitfährt – falls wir mal seine Hilfe brauchen.

Jesus, in meiner Familie ist grad jemand schwer krank,
ich brauche deine Hilfe.
In der Schule gehen gerade krasse Sachen ab
und ich würde gern anders sein.

Ich habe Angst, ich möchte, dass du mir Frieden schenkst.
Ich bin so traurig und hätte gern ein bisschen Hoffnung.

Aber Jesus will kein Beifahrer sein, sondern selbst das Steuer übernehmen. Der Unterschied zu uns ist nämlich, dass Jesus unendlich viel besser fährt als jeder von uns. Trotz allem sind wir oft unsicher, ob wir wirklich Jesus hinters Steuer lassen wollen, denn dann sind wir nicht mehr die Bestimmer. Wenn ich Jesus fahren lasse, bestimme nicht mehr ich über mein Ego. Ich habe nicht mehr das Recht, jedem egoistischen Wunsch nachzugehen. Ich bestimme nicht mehr über meine Zunge. Ich kann nicht mehr einfach lästern, mich einschleimen, andere beschwatzen, jemanden niederquasseln, die Unwahrheit erzählen, rumschreien, betrügen, andere einschüchtern oder manipulieren oder Dinge übertreiben. Jetzt ist meine Zunge *seine* Zunge. Jetzt ist mein Leben *sein* Leben.

Also stehe ich vom Fahrersitz auf. Ich übergebe Jesus den Autoschlüssel. Trotzdem bin ich noch immer dabei. Ich bin sogar viel lebendiger als je zuvor. Aber es ist nicht mehr mein Leben. Es ist sein Leben.

Klingt das ein bisschen nach Übertreibung? Das ist es ganz und gar nicht. Klingt das beängstigend? Es ist viel besser!

Der Schlüssel ist die Unterordnung, man kann auch sagen, „Hingabe". An dieser Stelle spricht Jesus ganz klare Worte: Ein Mensch kann auf keinen Fall zu Gott kommen, wenn er sich diesem nicht vorher unterordnet.

Sich unterordnen bedeutet aber nicht dasselbe wie „bescheiden sein" oder „sich passiv verhalten". Gottes Wille für unser Leben schließt mit ein, dass wir mutig und kreativ sind, Entscheidungen fällen und die Initiative ergreifen. Unterordnung bedeutet nicht, dass wir Fußabtreter sind. Es bedeutet nicht, dass du alles klaglos ertragen musst. Oftmals bedeutet es sogar, sich gegen den Istzustand zu

> Es gibt keinen Weg zu ★
> Gott zu kommen, ohne
> sich ihm unterzuordnen.

stellen und für Veränderung zu kämpfen. Es bedeutet nicht, dass du deinen Verstand abschaltest, keine Fragen mehr stellst und nicht mehr kritisch denkst. Diese Art von Unterordnung ist sicher keine Krücke für schwache Leute, die mit dem Leben nicht zurechtkommen. Unterordnung ist vielmehr das frohe, freiwillige Bekenntnis, dass es einen Gott gibt und dass ich es nicht bin. Gottes Ziele sind weiser und besser als unsere Wünsche. Jesus kommt nicht, um die Äußerlichkeiten unseres Lebens so zurechtzurücken, wie wir sie gern hätten. Er kommt, um das Innere unseres Lebens so zurechtzurücken, wie Gott es möchte.

Wenn ich mich unterordne, lasse ich mein Leben los. Das ist eine Revolution der Seele, bei der ich mich selbst aus dem Zentrum des Universums entferne und stattdessen Gott dorthin stelle. (Das ist völlig logisch – denn ich bin noch niemals das Zentrum des echten Universums gewesen, Gott hingegen ist schon immer dort.) Ich trete meinem Schöpfer die Position ab. Ich biete ihm Gehorsam an. Ich tu, was er sagt. Ich sitze nicht mehr am Steuer.

Wenn in unserer Gesellschaft über das Thema Glauben diskutiert wird, gibt es ein paar Sätze aus der Bibel, die jeder gern hört: „Egal, wie viel Mist du gebaut hast, Gott liebt dich immer noch." Auf so was steht jeder.

★ Jesus kommt nicht, um die Äußerlichkeiten unseres Lebens so zurechtzurücken, wie wir sie gern hätten. Er kommt, um das Innere unseres Lebens so zurechtzurücken, wie Gott es möchte.

„Du bist so gestresst und erschöpft – Gott will dir Ruhe und Erfrischung schenken." Klingt auch ganz gut.

Aber was ist damit?

„Du musst dich unterordnen. Du bist voller Sünde, ein Sturkopf. Du bist egoistisch und arrogant. Dabei erkennst du deine eigene Sünde gar nicht mehr, weil du dich selbst belügst. Du musst dein Herz aufmachen, du musst deine Sünde bekennen, du musst dich unterwerfen."

„Unterordnung" ist ein hartes Wort. „Unterwerfung" ist noch härter.

Ich kann dir einen Menschen nennen, der das überhaupt nicht gern hört: *Ich.*

Warum sich Gott unterordnen?

Wenn unserem Lieblingsfußballer ein Traumpass auf den Stürmer seiner Mannschaft gelingt oder wenn in letzter Minute der Ball im Netz versenkt wird, wenn wir eine große Prüfung mit einer Eins bestehen oder wenn ein Kerl oder ein Mädel, das wir mögen, uns simst, reagiert unser Körper reflexartig – die Hände schießen in die Höhe. In solchen Momenten kommt es ganz instinktiv, wir können gar nicht anders, als unsere Hände gen Himmel zu recken als Zeichen des Sieges und der Freude.

Unterordnung wird jedoch durch eine ganz andere Haltung ausgedrückt: knien. Wenn ein Untertan vor seinen König tritt, was tut er dann als Zeichen der Demut? Er kniet vor ihm nieder um zu zeigen, dass er sich in der Gegenwart seines Herrn befindet.

Wenn wir Siege feiern, reckt sich alles in uns nach oben. Wenn wir uns unterordnen, beugt sich alles in uns. Diese beiden Haltungen scheinen total gegensätzlich zu sein. Aber Jesus sagt uns: Wenn wir den Sieg erleben möchten, müssen wir mit der Unterordnung anfangen. Unterordnung bringt Kraft. Die Aufforderung zur Unterordnung ist eng mit Jesu Einladung verbunden, in der Gegenwart von Gottes Geist zu leben. Durch den Akt der Unterwerfung empfängst du die Kraft, die du auf keinem anderen Weg erlangen kannst; du kommst in den Genuss der Freiheit, die du sonst nie kennenlernen würdest.

Ein weiterer positiver Effekt der Unterordnung ist Frieden. Wenn ich in der Illusion lebe, ich sei Gott, mache ich mich (und alle anderen) verrückt damit, dass ich alles unter Kontrolle haben will. Wenn ich mich unterordne, lasse ich nicht nur meinen

Willen los, sondern ich begrabe auch die Vorstellung, für den Ausgang von bestimmten Ereignissen verantwortlich zu sein.

Der menschliche Wille

Durch ein paar geniale Experimente hat der Psychologe Roy Baumeister[5] das Wesen und die Grenzen der Willenskraft untersucht. Eine Kernfrage war: *Wenn man die Willenskraft benutzt – z. B. indem man fünf Minuten lang einer Versuchung widersteht –, macht das die Willenskraft in den darauffolgenden paar Minuten* stärker, schwächer *oder bleibt sie gleich?*

Baumeister ließ einige Leute in dem Experiment ihre Willenskraft benutzen, indem sie der Versuchung widerstehen mussten, leckere, frisch gebackene, duftende Schokokekse zu essen. Stattdessen bekamen sie nur Radieschen. Eine andere Versuchsgruppe in dem Experiment musste dieser Versuchung nicht widerstehen. Anschließend wurden beiden Gruppen komplizierte Rechenaufgaben gestellt – die in Wirklichkeit gar nicht zu lösen waren. Die Forscher wollten dadurch herausfinden, wie lang die Teilnehmer die Willenskraft aufbringen, sich diesem Frust auszusetzen.

Die Personen, die keine Schokokekse essen durften, gaben das Rechnen viel schneller auf als die anderen Versuchsteilnehmer. Anders ausgedrückt: Unsere Willenskraft ermüdet rasch. Ein paar Minuten lang schaffen wir es, mit Willenskraft unsere Gewohnheiten zu unterdrücken, aber auf lange Sicht siegen immer die Gewohnheiten über die Willenskraft.

Tiefgreifende Veränderungen erfordern mehr als nur Willenskraft. Sie erfordern, dass Gott unseren Geist erneuert. Sie erfordern Unterordnung.

Wozu wir den Willen brauchen

- Entscheidungen treffen (deshalb sind wir nach einer Klausur so ausgelaugt)
- ein Image aufbauen
- Versuchungen widerstehen
- bei einer schwierigen Aufgabe nicht aufgeben
- sich etwas abgewöhnen (Nägel kauen, zu viel essen und so weiter)
- Unterordnung

Es ist der Wahnsinn: Der einzige Willensakt, der uns keine Kraft kostet, sondern Kraft gibt, ist die Unterordnung. Wenn wir uns unterordnen, füllt das unseren Energietank auf. Versuch doch mal, irgendwann am Tag ein „Unterordnungsgebet" zu sprechen. Ungefähr so:

„Vater, heute möchte ich mein Leben gern in deine Hände legen …

- wenn ich aufwache."
- wenn ich eine Entscheidung treffen muss."
- wenn ich anderer Meinung bin als jemand anderes."
- wenn ich auf die Probe gestellt werde."
- wenn ich am liebsten aufgeben würde."
- wenn ich wütend werde."

Die Aktion „Unterordnen"

Manchmal habe ich so das *Gefühl*, dass ich das mit der Unterordnung geregelt kriege und Gott alle Bereiche meines Lebens anvertraut habe, aber wenn's dann ernst wird, ist diese Sache so zerbrechlich wie dünnes Eis.

Dann muss ich mich entscheiden: *Ordne ich mich auch dann Gott unter, wenn ich deswegen etwas tun muss, das mir so ganz und gar nicht behagt?* Würde ich mich dabei nicht unbehaglich fühlen, dann wäre es ja auch keine richtige Unterordnung.

Eine der verrücktesten Erkenntnisse aus der Bibel ist, dass Gott durch Jesus selbst weiß, wie unangenehm die Sache mit der Unterordnung sein kann. Vor seiner Kreuzigung kniete Jesus im Garten von Gethsemane und betete: „Wenn es möglich ist, erspare es mir, diesen Kelch trinken zu müssen! Aber es soll geschehen, was du willst, nicht was ich will" (Matthäus 26,39). Und genau wie diese Unterordnungsaktion schließlich zur Auferstehung von Jesus führte, wird es auch bei denen sein, die ihm nachfolgen.

Der einzige Weg zum Sieg ist Unterordnung.

Denk dran: Jesus ist kein Anführer, der dich herumkommandiert, sondern er leitet dich mit großer Liebe. Wenn du morgens aufwachst, kannst du mit absoluter Gelassenheit sagen: „In Ordnung, Jesus – heute gehst du voran und ich folge. Mein ganzes Leben ist in deiner Hand. Du führst mich. Ich folge."

Teil 3

» Mein Denken erneuern

Kapitel **6**

» Deine Sehnsucht führt dich zu Gott

Zwei sehr sportliche neunjährige Mädels fangen mit Schwimm-unterricht an. Eine tut es, weil sie die Olympischen Spiele ge-guckt hat und seitdem davon träumt, auch eine Goldmedaille zu gewinnen, wenn sie groß ist. Sie stellt sich vor, wie sie auf dem Podest steht; sie hängt lauter Olympia-Poster in ihrem Zimmer auf. Jeden Tag träumt sie von ihrem großen Sieg. Das andere Mä-del fängt mit dem Unterricht an, weil ihr Vater das möchte.

Welche von beiden wird es wohl später eher bis zu den Olym-pischen Spielen schaffen?

Klar: diejenige, die für ihre Träume schwimmt.

Zwei 18-Jährige haben das Ziel, 10.000 Euro anzusparen.

Der eine träumt davon, sich einen gebrauchten Sportwagen zu kaufen, sein Lieblingsauto, in das er schon mit 12 Jahren vernarrt war. Der andere spart aus Pflichtgefühl, weil das halt so üblich ist, dass man nicht alles Geld sofort ausgibt.

Wer von beiden wird die 10.000 Euro als Erstes zusammenha-ben? Wer wird seine Ausgaben kritischer kontrollieren, günstiger essen, weniger shoppen usw.?

Du ahnst es bereits: natürlich derjenige, der für seine Träume spart.

In der Bibel gibt es auch so eine ähnliche Geschichte. Im ers-ten Buch Mose erfahren wir, wie sich Jakob bis über beide Ohren in Rahel verliebte, und sogar bereit war, sieben Jahre für ihren

Vater zu arbeiten, damit er sie heiraten durfte. „Die sieben Jahre vergingen für Jakob wie im Flug. Dass er so lange für Rahel arbeiten musste, störte ihn nicht, weil er sie sehr liebte." (1. Mose 29,20; Hfa)

Wem von uns würden sieben Jahre Arbeit vorkommen, als wären es nur ein paar Tage?

Richtig, demjenigen, der für seine Träume arbeitet.

Es gibt keine stärkere Antriebskraft als dieses „Das muss ich unbedingt haben!"-Gefühl.

Als Jesus seinen Zeitgenossen beschrieb, wie ein Leben mit Gott aussieht, erzählte er ihnen auch Geschichten über die „Das muss ich unbedingt haben!"-Sehnsucht.

Er sagte, das Leben sei mit einem Mann vergleichbar, der einen im Acker vergrabenen Schatz findet, und dann alles, was er hat, verhökert, nur um dieses Feld kaufen zu können. Unbedingt und um jeden Preis will er den Schatz haben (siehe Matthäus 13,44).

Es passierte immer wieder, dass in den Menschen, die Jesus zuhörten, dieses „Das will ich auch haben"-Gefühl erwachte. Sie sahen, auf welche Art und Weise Jesus lebte. Sie fühlten sich von seinem Frieden, seinem Mut und seiner Weisheit geradezu magnetisch angezogen. Irgendwann schoss ihnen dann dieser eine Gedanke durch den Kopf: *Ich muss unbedingt das haben, was er hat.*

Leider bekommen wir viel zu oft gesagt, dass wir Leidenschaft für Gott haben *sollen*, ohne dass uns erklärt wird, *wie* das Ganze funktioniert. Wir können Leidenschaft nicht auf Kommando herzaubern. Wenn also dein geistliches „Das will ich haben"-Gefühl – deine Begeisterung für Gott – manchmal noch etwas schwächelt, dann lies einfach weiter.

Du und dein Lustpegel

Fast alle aufregenden Erlebnisse oder Ereignisse messen wir an einem „Lustpegel", so nennt es jedenfalls der Psychologe Jonathan Haidt[6]. Am Tag deiner Geburt lief dein Lustpegel auf Hochtouren. Bei Babys spielen die Geschmacksnerven eine ziemlich große Rolle, darum hat ihr Lustpegel etwas mit dem zu tun, was sie in den Mund bekommen: „Schmeckt gut – mehr davon!" oder „Schmeckt eklig – weg mit dem Zeug!" Auch wenn du älter wirst, misst du alles unbewusst am Lustpegel. Jedes Geräusch, das du hörst, jedes Gespräch, das du führst, jeder Happen, den du isst, wirkt sich entweder positiv oder negativ auf deinen Lustpegel aus.

Auch Menschen beeinflussen deinen Lustpegel. Du brauchst dich nur kurz mit jemandem zu unterhalten, und schon fühlst du dich zu manchen Leuten stärker hingezogen als zu anderen. Etwas in dir sagt: *Ich mag diese Person. Das ist ein schönes Gespräch.* Bei einem anderen schlägt dein Lustpegel in die negative Richtung aus. Vermutlich wirst du der Person nicht ins Gesicht sagen: „Weißt du was, Mann, momentan stehst du bei minus sieben auf meinem Lustpegel. Und wenn du jetzt weiterquatschst, rutschst du noch tiefer." Aber wir analysieren permanent unsere Begegnungen. Darum hier mal eine Frage zum Nachdenken:

Magst du eigentlich Gott?

Das hört sich vielleicht ein bisschen komisch an und ich will Gott nicht ins Lächerliche ziehen – darum geht es nicht. Aber wenn es hart auf hart kommt und ich Gott eigentlich nicht besonders gern mag, dann werde ich wohl kaum viel Zeit mit Gott verbringen. An diesem Punkt müssen wir ehrlich sein, denn wenn du Gott nicht magst, brauchst du ihm auch nichts vorzuspielen.

Ich will dir kein schlechtes Gewissen machen, dass du Gott mehr mögen *solltest*. Das Wort „sollen" hat nie genügend Antriebskraft, um uns zum Ziel zu befördern.

Pflichtgefühle als kleiner Hilfsmotor

Pflichtgefühle sind wie ein kleiner Hilfsmotor. Ich brauche so etwas im Leben, denn manchmal muss ich bestimmte Dinge tun, weil ich dazu verpflichtet bin. In den meisten Fällen nutzt sich das „wollen" irgendwann zum „sollen" ab. (Aber wenn ich einen Marathon laufe, bringt das *sollen* mir bei Kilometerstein 37 nichts mehr – ich laufe die 42 Kilometer nur dann bis zum bitteren Ende, wenn ich es auch wirklich *will*.)

Im Glauben wachsen bedeutet darum auch nicht, mein Leben lang Dinge zu tun, die ich machen *soll* anstelle der Dinge, die ich eigentlich gern machen *will*. Es bedeutet vielmehr, dass ich an den Punkt gelange, an dem ich etwas Bestimmtes (das ich tun sollte) wirklich tun *will*. Wenn Menschen kapieren, wie Gott wirklich ist, dann können sie nicht anders als ihn *wollen*. Sie tun dann nicht mehr, als wären sie fromme Scheinheilige, sondern finden ihn so richtig cool und sympathisch.

Wenn wir das kapieren, bekommen wir ein ziemlich schlechtes Gewissen, weil unsere Sehnsucht nach Gott nicht tief genug ist. Aber wir können die Sehnsucht nach Gott nicht aus uns selbst heraus produzieren, indem wir auf den „Sollen-Knopf" drücken. Gott ist so großherzig und geduldig, dass er auf uns wartet, bis wir ihn wirklich wollen; und Gott arbeitet gern mit ganz ehrlichen Leuten zusammen. Deshalb lädt er uns ein: „Schmecke und sieh, dass der Herr gut ist. Freuen darf sich, wer auf ihn vertraut!" (Psalm 34,9; NL).

Das Wort „schmecken" bedeutet hier, etwas auszuprobieren. Dahinter verbirgt sich die Einladung eines selbstbewussten Chefkochs. Du brauchst nicht zu versprechen, den ganzen Teller leer zu essen; probier ein-fach ein Häppchen, eine Kostprobe. Wenn es dir nicht schmeckt, darfst du den Rest einfach liegen lassen. Doch der Chefkoch ist überzeugt: Wenn du erst einmal ein Häppchen probiert hast, willst du bestimmt gleich die ganze Portion verdrücken.

„Schmecken und sehen" mit eigener Leidenschaft

Gott freut sich, wenn Menschen von seiner Schöpfung begeistert sind. Viele denken jedoch: *Wenn ich Christ bin, muss ich mich von der Sünde fernhalten – und das geht am besten, indem ich alle Leidenschaften abschalte. Wenn ich alle Wünsche nach Beziehungen oder Geld oder Essen oder Erfolg oder Berühmtheit ausschalte, dann werde ich ein Superchrist, weil ich dann nicht mehr sündige.* Leider wärst du dann auch kein Mensch mehr. Eine Betonplatte muss sich keine Sorgen um Unkraut machen – aber aus ihr wird auch nie ein Garten sprießen.

Leidenschaften sind genial, solange sie nicht von der Sünde ruiniert werden – genial deshalb, weil Gott der Designer ist. Der Psalmist sagt zu Gott:

„Du öffnest deine Hand und sättigst deine Geschöpfe; allen gibst du, was sie brauchen. Der Herr ist gerecht in allem, was er tut; auf ihn ist Verlass! ... Er geht auf die Wünsche derer ein, die voll Ehrfurcht zu ihm kommen" (Psalm 145,16–19; Hfa).

Gott schafft Leidenschaften und Gott stillt Leidenschaften. Er hat die Vögel mit dem Wunsch zum Fliegen ausgestattet. Sie wollen fliegen, weil Gott sie zum Fliegen geschaffen hat. Delfine schwimmen, weil Gott ihnen den Instinkt zum Schwimmen gegeben hat. Gott legt keine falschen Wünsche in seine Geschöpfe hinein.

Gott hat Wünsche und Leidenschaften geschaffen und er findet es aufregend, sie zu erfüllen. Trotzdem weiß ich, dass viele meiner Wünsche von der Sünde verdreht sind und dass sie gesäubert, gereinigt und zurechtgerückt werden müssen. Darauf bezieht sich Jesus mit seinem Satz: „Wer mir folgen will, muss sich und seine Wünsche aufgeben, sein Kreuz auf sich nehmen und auf meinem Weg hinter mir hergehen" (Markus 8,34). Wir müssen zu allen Wünschen Nein sagen, die uns davon abhalten, im Fluss des Heiligen Geistes zu leben. Wir müssen immer bereit sein, kleinere Wünsche aufzugeben, um dafür ein großes Leben führen zu können.

Vier Geschmacksrichtungen

Ich will mit dir gern durch vier Kategorien von Wünschen gehen. Überleg doch beim Weiterlesen mal, was davon auf dich zutrifft. Aber bleib dabei ehrlich, denn auf den ersten Blick scheinen diese Wünsche nichts mit dem Glauben zu tun zu haben. Doch wenn du es zulässt, können sie etwas dazu beitragen, dass du in der Fülle der Gegenwart Gottes lebst. Denn in Wahrheit spielt jede der folgenden Kategorien – geistlich betrachtet – eine von Gott geschaffene Grundlage in unserem Leben.

Materielle Wünsche

Wir alle haben *materielle Wünsche* – sie beziehen sich auf Geld und Klamotten und Autos und andere Sachen. Selbst wenn wir jede Sünde aus unserem Innersten verbannen könnten, würden wir uns noch immer materiellen „Kram" wünschen, weil Gott ihn gemacht hat. Es ist etwas Tolles, wenn du dein Zimmer verschönerst, denn ein schöner Raum kann deine Seele ansprechen, sodass du Gottes Geist in deinem Leben spüren kannst. Doch wenn materielle Wünsche deine Großzügigkeit abwürgen, dich zum Diebstahl verleiten oder permanente Unzufriedenheit in dir erzeugen, dann ist es an der Zeit, sie mit einem energischen „Stopp" in die Schranken zu weisen.

Ist es schlimm, wenn man Autos mag? Das ist ein materieller Wunsch. Wenn dein Wunsch nach Autos dich unfähig macht, anderen gegenüber großzügig zu sein, oder wenn er dich dazu verleitet, Schulden zu machen, ist es an der Zeit, „Stopp" zu sagen. Doch vielleicht hat Gott ja einen Wunsch nach Autos in dich hineingepflanzt, damit du eines Tages Autos reparieren oder welche entwickeln kannst. Könnte es funktionieren, dass du deine

Liebe zu Autos auch mit Gott *zusammen* genießen kannst? Wenn du dann Auto fährst, könntest du sagen: „Gott, komm, und sei jetzt in diesem Moment hier bei mir."

Der Heilige Geist könnte dann mit dir zusammen im Auto fahren – gerade noch so innerhalb der Geschwindigkeitsbegrenzung.

Erfolgswünsche

Kaum jemand in der Geschichte war so vom Erfolgsdrang angetrieben wie der Apostel Paulus. Pausenlos war er auf Reisen, und motivierte andere Menschen. Er beschrieb sein Leben mit Bildern wie „Ich habe den guten Kampf gekämpft. Ich bin am Ziel des Wettlaufs" (2. Timotheus 4,7). Gott nahm Paulus seinen Wunsch nach Erfolg nicht weg; vielmehr lenkte er ihn in gute Bahnen, sodass Paulus anderen dienen konnte.

Vielleicht bist du in der Schule ehrgeizig oder hast einen starken Drang, im Sport oder bei einer anderen außerschulischen Aktivität erfolgreich zu sein. Vielleicht bringst du unglaublich gern Spitzenleistungen. Wenn du über deinem Erfolgswunsch jedoch das Beten vergisst oder andere ausnutzt, dann braucht dein Wunsch eine grundlegende Neuausrichtung. Wenn du jedoch im Glauben wächst und innerlich dafür brennst, unter Gottes Anleitung bestimmte Ziele zu erreichen – dann geh los und setze alles ein!

Gebrauche deine Fähigkeiten, anderen etwas Gutes zu tun. Und wenn du Erfolg hast, weißt du, dass es um mehr geht als nur um dich. Halt ab und zu mal inne und danke Gott, dass du das Vorrecht hast, so aktiv zu sein. Denn wenn du alles einsetzt und daran Spaß hast, öffnest du dich für Gottes Wirken.

Beziehungswünsche

Im Alten Testament wird die Geschichte von der Freundschaft zwischen Jonathan und David erzählt (vgl. 1. Samuel 20). Obwohl Jonathan der Sohn des Königs war, und damit sein Thronfolger, gab er seine Macht freiwillig ab. Denn er wusste, dass Gott seinen Freund David auserwählt hatte, der nächste König zu werden. Jonathan war es wichtiger, ein Freund zu sein anstatt König. (Unglaublich, oder?)

Wir alle haben den Wunsch, in Beziehung zu anderen zu leben. Vielleicht sehnst du dich nach tiefen Beziehungen, findest es aber schwierig, solche Beziehungen zu führen und zu pflegen – und verlierst den Mut. Wenn dir keine tollen Freundschaften in den Schoß fallen, gibst du vielleicht schnell auf. Aber keinem fallen gute Freundschaften einfach in den Schoß. Jonathan musste unglaubliche Hürden überwinden, um eine Freundschaft mit David aufzubauen – und die Wahrscheinlichkeit ist hoch, dass auch du Hürden überwinden musst, um eine solche Beziehung aufzubauen. Aber du kannst es!

Wenn du ein richtig sozialer Typ bist, kannst du einfach regelmäßig Leute zusammentrommeln. Spürst du diese Freude, wenn Leute sich treffen, Stimmengewirr und Lachen ertönt, neue Freundschaften entstehen …? Das hast du von Gott höchstpersönlich bekommen. Du darfst Gottes Werkzeug sein, das den Menschen hilft, Beziehungen zueinander aufzubauen.

Körperliche Wünsche

Weil Gott deinen Körper geschaffen hat, verspürst du auch Lust – du möchtest essen, trinken, anfassen, sehen, hören und sprechen. Das sind *körperliche Wünsche*. Das Alte Testament enthält total viele Anweisungen für das Volk Gottes, in denen es ums Schlemmen, Essen, Trinken, Partymachen, Singen, Tanzen, Jubeln und Musikmachen geht – lauter Sachen, die wir mit dem Körper tun. Solche Lüste, Wünsche und Spaßbringer können uns wieder in Erinnerung rufen, wie gut Gott ist.

Du musst nur lernen, das Geschenk mit dem Schenker in Verbindung zu bringen – mit Gott, den du noch mehr lieben willst. Fang also bei dem an, was du schon magst, und verfolge den Weg zurück bis zur Quelle: Gott.

Wie stellt man einen Zusammenhang zwischen Geschenk und dem Schenkenden her?

- Nimm dir zu Beginn des Tages eine Minute, in der du Gott bittest, bei dir zu sein.
- Mitten im Spaß sage Gott bewusst „Danke".
- Bestücke deinen Bildschirmschoner oder deinen Schreibtisch mit Bildern, die dich fröhlich machen und im Laufe des Tages an Gottes Güte erinnern.
- Sprich ein Minigebet, zum Beispiel „Danke für meinen Körper" oder „Danke für diese Freundschaft", um dein Erlebnis mit Gott zu teilen. Ein Minigebet ist ein einfaches Ein-Satz-Gebet, das du in einem Atemzug sprechen kannst. Es gibt der Seele Energie, genau wie Sauerstoff dem Körper Energie gibt.
- Denk mal über Bibelstellen nach, in denen es um Gottes Freude über die Schöpfung, über Menschen und über erfülltes Verlangen geht. (Psalm 102 und 103 sind dafür supergeeignet.)

Hast du dir jemals gewünscht, attraktiv auszusehen? (Ich stelle diese Frage manchmal in Gottesdiensten für Erwachsene, aber nie hebt jemand die Hand. Sehr seltsam …) Natürlich muss man mit diesem Thema vorsichtig umgehen, denn schon der Verfasser der Sprüche warnt: „An einer Frau ohne Anstand wirkt Schönheit wie ein goldener Ring im Rüssel einer Sau" (Sprüche 11,22; Hfa). Schönheit des Charakters ist wertvoller als äußerliche Schönheit – dennoch hat Gott unseren Körper geschaffen. Also, wollen wir jetzt ehrlich sein? Gott hat uns so gemacht, dass wir Schönheit toll finden.

Es ist etwas Gutes, leckeres Essen zu genießen, schicke Klamotten anzuziehen, Musik zu hören, die dich fröhlich macht. Dann kannst du Gott dafür danken, dass er dir deinen Körper gegeben hat, mit dem du sehen, hören, Dinge anfassen, lachen und tanzen kannst. Wenn du dich mit deinen körperlichen Wünschen für die Gegenwart von Gottes Geist öffnest, fängst du an, Gott immer mehr zu lieben – du tust dies jedoch nicht, weil du das sollst oder weil es dir jemand vorschreibt, sondern weil du gar nicht anders *kannst*.

Okay, ich bin selber Vater. Kein himmlischer Vater wie Gott, aber immerhin ein Vater. Und kaum etwas bereitet mir so viel Freude wie meine Kinder glücklich zu machen. Wenn ihre Augen anfangen zu leuchten, weil ich ihnen einen Herzenswunsch erfüllt habe, ist das für mich das schönste Gefühl der Welt. Natürlich will ich nicht, dass sie egoistisch und verwöhnt werden, darum entscheide ich, wann es besser für sie ist, auf einen großen Wunsch zu verzichten. Aber ich finde es grandios, wenn ich ihnen etwas schenken kann, worauf sie mit solcher Freude reagieren.

Stell dir jetzt mal vor, wie viel mehr Freude es Gott bereiten muss, wenn er uns Wünsche erfüllt und wir mit großer Freude reagieren!

Kapitel 7

» Gute Gedanken denken

Es ist noch nicht lang her: An einem Samstagabend breitete sich plötzlich so ein furchtbarer Gestank in unserem Haus aus, dass wir nicht mehr atmen konnten und die Flucht ergriffen. Wir vermuteten ein Gasleck und riefen sowohl beim Gasanbieter als auch bei der Feuerwehr an. Aber es stellte sich heraus, dass ein Stinktier vorbeigekommen war.

Ich telefonierte herum, aber kein Kammerjäger ließ sich überreden, bei uns auf Stinktierjagd zu gehen. Also hofften wir, dass das Problem von allein verschwinden würde.

Der größte Teil des Gestanks verflog und an den Rest gewöhnten wir uns. Er störte uns nicht mehr – bis jemand zu Besuch kam und sagte: „Hier riecht's aber nach Stinktier."

Eine Woche später war ich gerade unterwegs, als meine Familie anrief, um mir zu sagen, dass das Stinktier wieder zugeschlagen hatte. Ich musste jetzt einen Spezialisten finden, der sich richtig gut mit Stinktieren auskennt. Der Mann entdeckte, dass sich die Stinktiere in einem kleinen Hohlraum unter unserem Haus eingenistet hatten. Er fand zwei lebendige und ein totes. Die Stinktiere entfernen zu lassen, kostete uns ganz schön viel Geld, aber es hat sich gelohnt.

Was ich dabei gelernt habe: Man kann den Stinktiergeruch erst loswerden, wenn man auch das Stinktier loswird.

Unser Geruchssinn hat die besondere Fähigkeit, Gefühle hervorzurufen, somit sind unsere Gefühle auch mit Gerüchen vergleichbar. Unsere positiven Gefühle – Freude, Spaß, Dankbarkeit – finden wir so toll wie den Duft frisch gebackener Schokomuffins. Bei negativen Gefühlen – Traurigkeit, Sorge, Wut – wollen wir am liebsten einfach weglaufen. Wenn diese Gefühle zuschlagen, geht unsere Stimmung in den Keller, wir verlieren jeden Antrieb; Gott wirkt so weit weg. Gebete scheinen hoffnungslos, die Sünde verlockend und das Leben fühlt sie an wie ein einziges großes Frustpaket.

Jedoch: Gefühle „überfallen" uns nicht einfach so aus dem Nichts heraus. Im Allgemeinen fließen Emotionen aus unserem Denken heraus. Wenn wir entmutigt sind, haben wir oft entmutigende, negative Gedanken. Wenn wir uns mit Sorgen beschäftigen, haben wir sorgenvolle, ängstliche Gedanken. Diese Gedanken kommen ganz von selbst, sodass sie uns irgendwann gar nicht mehr auffallen – wie der Geruch nach Stinktier. Wir gewöhnen uns an die negativen Gedanken, an dieses „stinking thinking" – an stinkende Gedanken, wie man im Englischen so schön sagt.

Unsere Lebensweise spiegelt immer, ob wir das wollen oder nicht, unsere Denkweise wider. Echte Veränderung beginnt daher immer im Kopf. Das Gute ist: Gott kann unser Denken verändern. Was Menschen zu eigenen Persönlichkeiten macht – was dich du selbst sein lässt –, geschieht hauptsächlich über das Denken.

Lasst euch von Gott umwandeln, damit euer ganzes Denken erneuert wird. (Römer 12,2)

Wenn du die beste Version von dir werden willst, brauchst du dich nur an eine einzige Anweisung zu halten: *Denk gute Gedanken!* Wer ein richtig tolles Leben führt, denkt normalerweise richtig gute Gedanken. Diese Gedanken bringen einem solchen Menschen Zuversicht, Liebe und Freude. Wenn du deine Gefühle allein, mit deiner Willenskraft, verändern willst – ohne dass du dich von Gott verändern lässt –, ist das so, als würdest du den Stinktiergestank im Haus mit Desinfektionsmittel bekämpfen, während die Stinktiere im Keller weiterhin fröhlich vor sich hinmuffeln. Gott allerdings kann unsere Denkweise verändern. In diesem Kapitel geht es um zwei Arten und Weisen, wie wir uns für Gottes Wirken öffnen können: Ich nehme wahr und überprüfe, was in meinem Kopf vorgeht und schalte dann meinen inneren Sender auf eine bessere Frequenz.

Es wird Zeit, den Stinktieren in unserem Denken auf die Spur zu kommen.

Behalte deine Gedanken im Blick

Aus unseren Denkmustern werden Gewohnheiten – wie das Zähneputzen eine Gewohnheit ist. Nach einiger Zeit fallen uns die Dinge, an die wir uns gewöhnt haben, gar nicht mehr auf. Wir gewöhnen uns so an lieblose, angstvolle oder egoistische Gedanken, dass uns gar nicht mehr auffällt, was wir da gerade denken.

Das geistliche Leben beginnt damit, dass wir auf unsere Gedanken aufpassen. Deshalb betet David auch: „Durchforsche mich, Gott, sieh mir ins Herz, prüfe meine Wünsche und Gedanken!" (Psalm 139,23) Gott kennt unsere Gedanken besser als wir selbst, und er kann uns helfen herauszufinden, was gerade in unserem Kopf vorgeht.

Wenn ich meine Gedanken prüfe, stoße ich sicherlich bald auf viele unwillkommene Gäste: Ich mache mir Sorgen. Ich bin ein kleiner Schwarzmaler. Ich bin neidisch auf jemanden. Aber ich werde hoffentlich auch Gedanken entdecken, die von Gottes Geist erfüllt sind. Die Paulusbriefe geben uns einen großartigen Rahmen, mit dessen Hilfe wir erkennen können, welche Gedanken und Einstellungen vom Geist Gottes kommen: „Was unsere selbstsüchtige Natur will, führt zum Tod. Was der Geist Gottes will, führt zum Leben, zu Heil und Frieden" (Römer 8,6).

Nimm irgendeinen Gedanken, am besten einen, der dir Sorgen macht oder der dir immer wieder Kopfzerbrechen bereitet. Stell dann die Kontrollfrage: *In welche Richtung führt mich dieser*

Gedanke? Führt er mich zum Leben – zu Gottes bester Version von mir? Oder in die andere Richtung, in eine Abwärtsspirale?

Ich habe kapiert: Wenn ich mich auf gute Gedanken konzentriere, fließen daraus richtige Gefühle und gute Taten. Der Prophet Jesaja schreibt, dass wir Frieden haben, wenn wir unsere Gedanken auf Gott ausrichten (vgl. Jesaja 26,3). So sieht ein Leben aus, dass von Gottes Geist durchtränkt ist.

Hier kommt eine kleine Übung zum Gedankentrainieren[7]. Die unten aufgeführten Begriffe stellen die wichtigsten Gedankenmuster dar. Geh beim Lesen der einzelnen Worte deine eigenen Denkmuster durch und überleg auch, wie andere dich wahrnehmen. Such dann drei Wörter aus, die dein Denken am besten beschreiben. Bitte dann ein oder zwei Personen, die dich kennen *und* mögen, sich ebenfalls die Liste anzuschauen und drei Wörter auszusuchen, die aus ihrer Sicht am besten zu dir passen.

dankbar	neugierig	dickköpfig
defensiv	hoffnungsvoll	verärgert
gedankenverloren	zurückhaltend	entschlossen
unzufrieden	gestresst	konzentriert
kreativ	engagiert	mutig
	spontan	besorgt

Du kannst es üben: Achte mal bewusst auf den Gedankenfluss in deinem Kopf, ohne ihn krampfhaft ändern zu wollen. Ein Krabbelkind, das die ersten Schritte macht, lernt auch durchs Hinfallen – nur lässt es sich nicht von den Misserfolgen lähmen. (Oder hast du schon mal ein Krabbelkind sagen hören: „Schon wieder hingefallen! Ich krieg echt gar nichts auf die Reihe! Den Rest des Tages krabbel ich jetzt nur noch. Anscheinend hab ich kein Geschick zum Laufen!") Alle Bereiche unseres Lebens vom Heiligen Geist bestimmen zu lassen erfordert mindestens genauso viel Gnade und Stärke wie laufen zu lernen. Aber Gottes Geist wird uns immer zur besten Version unserer selbst führen.

Auf bessere Frequenz schalten

Falsche Gedanken wirst du nicht los, wenn du dich anstrengst, sie nicht mehr zu denken. Stattdessen kannst du was anderes machen: auf eine andere „Frequenz" schalten – denn du kannst deine Gedanken grundsätzlich beeinflussen, indem du dich immer wieder entscheidest, worauf du deine Aufmerksamkeit richtest. In jedem Augenblick – auch jetzt – kann ich meine Gedanken in die eine Richtung schweifen lassen … oder in die andere. Das erklärt auch, warum zwei Leute haargenau dasselbe erleben können und es trotzdem völlig unterschiedlich beurteilen.

Ein Freund hat mir den Tagebucheintrag eines Hundes und den einer Katze geschickt, um deutlich zu machen, welche unterschiedlichen Auswirkungen unsere Denkweise haben kann:

Tagebucheintrag eines Hundes

8:00 Uhr:	Hundefutter! Mein Lieblingsfutter!
9:30 Uhr:	Autofahren! Meine Lieblingsbeschäftigung!
9:40 Uhr:	Im Park Gassi gegangen! Meine Lieblingsbeschäftigung!
10:30 Uhr:	Wurde gekrault und gestreichelt! Meine Lieblingsbeschäftigung!
12:00 Uhr:	Mittagessen! Mein Lieblingsfutter!
13:00 Uhr:	Im Garten gespielt! Meine Lieblingsbeschäftigung!
15:00 Uhr:	Mit dem Schwanz gewedelt! Meine Lieblingsbeschäftigung!
17:00 Uhr:	Knochen! Mein Lieblingsfutter!
19:00 Uhr:	Durfte mit dem Ball spielen! Meine Lieblingsbeschäftigung!
20:00 Uhr:	Wow! Durfte mit den Menschen Fernsehen gucken! Meine Lieblingsbeschäftigung!
23:00 Uhr:	Auf dem Bett geschlafen! Meine Lieblingsbeschäftigung!

Tagebucheintrag einer Katze

Tag 983 meiner Gefangenschaft. Meine Geiselnehmer hören nicht auf, mich mit seltsamen kleinen Objekten zu verhöhnen, mit denen sie vor meiner Nase hin und her wedeln. Das Einzige, was mich am Leben erhält, ist die Hoffnung, dass mir eines Tages die Flucht gelingen wird.

Zwei Lebewesen, identische Situationen, aber völlig verschiedene Sichtweisen. Wo liegt der Unterschied? In der Denkweise. Dankbarkeit ist ein Denkmuster; Anspruch ist auch eines.

Du kannst deine innere Haltung, also die „Frequenz", auf ähnliche Weise einstellen wie ein Thermostat – es setzt dem Heizkörper beziehungsweise der Klimaanlage eine Norm für die Temperatur. Wenn man ein Thermostat einstellt, müssen sich Heizung und Klimaanlage entsprechend einschalten, je nach Wetter. Das ist ein ständiger Prozess, der ein wohnliches Umfeld schaffen soll. Genauso ist es mit unseren Gedanken. Viele Leute versuchen sich einzureden, dass sie keine negativen Gedanken mehr haben sollen – aber durch eine solche Einstellung kommen genau die Gedanken wieder hoch, die sie eigentlich loswerden wollen.

Richtet also eure Gedanken nach oben und nicht auf die irdischen Dinge (Kolosser 3,2).

… wer vom Heiligen Geist geleitet wird, richtet sich nach dem, was der Geist will (Römer 8,5; NL).

Es gibt eine bessere Möglichkeit.

Mein Freund Danny ging einmal auf eine Höhlenerkundungstour in Iowa (USA). Der Mann, der ihn mitnahm, führte ihn bis tief unter die Erde und sagte dann, er wolle ihn durch einen engen Gang zu einer spektakulären Kammer führen. Der Gang war so niedrig, dass Danny sich bücken musste. Dann verengte er sich auch noch und Danny musste auf allen Vieren kriechen. Schließlich kam er nur noch voran, indem er sich auf den Rücken legte und sich mit den Füßen vorwärtsschob. Jetzt wurde die Decke sogar so niedrig, dass er sich gar nicht mehr fortbewegen konnte, wenn sein Brustkorb mit Luft gefüllt war! Er musste anhalten, einatmen, ausatmen, und erst wenn sich sein Brustkorb weit genug gesenkt hatte, konnte er weiterrobben. Inzwischen war es praktisch unmöglich, einen Rückzieher zu machen.

Wäre der Gang noch schmaler geworden, dann wären sie stecken geblieben und elend in dieser Höhle gestorben.

Danny ist ein echter Draufgänger: er ist Fallschirmspringer, Bergsteiger, Drachenflieger, Nervenkitzelsucher, aber in dieser Höhle geriet er in totale Panik. Ihn packte die Angst. Er versuchte, gegen die Angst anzukämpfen, hatte aber ständig das Bild seiner eigenen Leiche vor Augen, die in der Höhle verweste. Schließlich gestand er seinem Führer, dass er fast am Durchdrehen war und dieser antwortete ihm: „Danny, mach die Augen zu und hör auf meine Stimme. Ich werde weiterreden, ganz ruhig, und dich hier durchkriegen. Wir schaffen das. Ich war schon öfter hier. Du wirst die andere Seite erreichen. Aber du musst auf meine Stimme hören. Jetzt darfst du deinen Gedanken auf keinen Fall freien Lauf lassen, sondern konzentrier dich einfach auf meine Stimme."

Danny tat dies dann auch. Seine Panik und Angst verschwanden nicht dadurch, dass er sich ungeheuer anstrengte, die Angstgedanken auszuschalten. Sie gingen dadurch weg, dass er einer anderen Stimme zuhörte – einer Stimme, der er vertrauen konnte.

Auf welche Stimme hörst du, wenn du in einer Situation steckst, die sich wie eine enge Höhle anfühlt – es ist dunkel, die Decke ist niedrig und du kommst nicht mehr raus? Der Geist Gottes möchte wirklich die ganze Zeit durch unsere Gedanken fließen. Viele Leute finden es unter anderem deshalb so hilfreich, Bibelverse auswendig zu lernen, weil sie dann in ausweglosen Situationen besser auf die Stimme ihres Führers hören können. Auch wenn ich gerade was Dummes angestellt habe, bin ich noch immer Gottes geliebtes Kind – daran will mich der Geist Gottes erinnern. Und auch wenn ich gerade kritisiert werde: Gottes Geist erinnert mich daran, dass Wahrheit und Gnade immer meine Freunde sein werden.

Unser Verstand ist ein gigantisches Geschenk Gottes. Bereits vor deiner Geburt produzierte dein Körper ungefähr 200 Milliarden Nervenzellen, die dir das Denken und Reagieren ermöglichen. Du warst so superreich an Nervenzellen, dass du bei der Geburt wieder 100 Milliarden davon abtöten lassen konntest und sie dir nicht einmal fehlten! Von der Zeit an, die du noch im Bauch deiner Mutter verbrachtest, bis zu deinem zweiten Geburtstag produzierte dein Körper 1,8 Neuronenverbindungen *pro Sekunde*. Und das hat dich noch nicht einmal müde gemacht!

Deine Gedanken haben einen Rieseneinfluss auf dein Leben. Forscher haben herausgefunden, dass Tennisspieler ihre Rückhand einfach dadurch verbessern können, dass sie sie *in Gedanken* trainieren. Wenn viele Nervenzellen in deinem Kopf in dieselbe Richtung schießen, verändert dich das. Im Laufe der Zeit werden diese Pfade zwischen den Nervenzellen ein einmaliges Muster ergeben – und Gott will sie nicht ungenutzt lassen.

Eine unglaublich große Zahl von Menschen betrachtet sich als Opfer ihrer Gedanken. Sie fühlen sich wie passive Zuschauer, die nur zusehen, wie die Gedanken unkontrolliert auf dem inneren Bildschirm aufblitzen.

Dabei führt der Feind in unserem geistlichen Leben einen erbitterten Kampf darüber, welche Gedanken uns durch den Kopf gehen. Die entscheidende Freiheit, die du hast – und die dir niemand nehmen kann –, ist die Freiheit zu entscheiden, worauf du deine Gedanken richten willst. Ich stelle meine Frequenz so ein, dass ich Gottes Nähe und Güte in meinem Leben wahrnehmen kann. Das heißt, ich möchte nach dem Strom von lebendigem Wasser Ausschau halten, der aus meinem Inneren fließt.

Ich kenne einen coolen Typen, der sich jeden Morgen auf dem Weg zur Arbeit an einem Zeitungsstand eine Zeitung gekauft hat. Jeden Tag war der Zeitungsverkäufer superschlecht gelaunt, doch der coole Typ reagierte jeden Tag fröhlich und freundlich. Ein Freund, der manchmal mit ihm zur Arbeit ging, fragte ihn einmal, warum er so freundlich blieb, obwohl der Verkäufer die Unfreundlichkeit in Person war. Er antwortete: „Warum sollte ich mir von seiner schlechten Laune auch noch meine Laune verderben lassen?"

In der Cafeteria bringt mir die Bedienung was zu essen. Ich nehme sie nicht wahr, weil sie im Film meines Lebens nur eine Statistenrolle spielt. Dann greift der Heilige Geist ein. Mir schießt durch den Kopf: *Schau hin. Schau ihr in die Augen. Das ist ein Mensch mit einer Familie, mit Hoffnungen und Träumen.* Einen Moment lang werde ich quicklebendig. Ich sage „Danke" und es kommt von Herzen. Ich kann sie segnen – ihr im Gespräch mit Gott Gutes wünschen. Und die Welt bewegt sich ein kleines Stückchen hin zu etwas, was man echtes Leben nennt.

Der Heilige Geist ist ständig präsent; er will deine Gedanken immer wieder erneuern – als gäbe es ein Netzwerk namens HGN (das „Heilig-Geist-Netzwerk"). Ich muss nur auf die richtige Frequenz schalten und kann den Heiligen Geist bitten, meine Gedanken zu leiten.

Ich kann innehalten und zuhören.

Joshua Bell gehört zu den besten Geigenspielern der Welt. Seine Eltern erkannten, dass er etwas Besonderes war, als er bereits mit vier Jahren Gummibänder über seine Kommodenschubladen spannte und darauf klassische Melodien spielte. Die Tonhöhen veränderte er durch Ein- und Ausziehen der Schubladen.

Als er bereits berühmt war, spielte er einmal – unangekündigt – in einer U-Bahnstation in Washington, D.C. Die Organisatoren des Experiments wurden von Experten darauf hingewiesen, dass sich mit Sicherheit eine große Menschenmenge ansammeln würde und man vielleicht zusätzliche Securityleute bräuchte. Sie waren sich sicher, dass sehr viele Leute stehen bleiben würden, um sich diese einmalige Gelegenheit nicht entgehen zu lassen.

Joshua Bell brachte seine Geige mit – eine Stradivari von 1713, die mehrere Millionen Dollar wert war – und begann, die sechs schönsten Lieder aus seinem Repertoire zu spielen. Der großartigste Violinist der Welt spielte die großartigste Musik der Welt auf dem großartigsten Instrument der Welt.

Doch keiner blieb stehen. Tausende von Menschen liefen an ihm vorbei. Das kannst du dir auf YouTube anschauen. Kinder zupften ihre

Eltern am Ärmel, aber die Erwachsenen waren zu sehr mit ihren Gedanken beschäftigt. Nur eine Frau erkannte ihn und blieb stehen um zuzuhören. Sie gab Joshua mehr Geld (zwanzig Dollar) als alle anderen zusammengenommen. Sie flitzten an Joshua Bell vorüber, weil sie Besseres zu tun hatten.

Jesus sagte: „Mit wem soll ich die Menschen von heute vergleichen? … ‚Wir haben euch Hochzeitslieder gespielt, aber ihr habt nicht getanzt!'" (Matthäus 11,16–17).

Der Meister spielt noch immer, aber niemand ist gezwungen ihm zuzuhören. Wer Ohren hat, der höre.

Kapitel **8**

» Gute Nahrung für das Hirn

Wir wohnten mal gegenüber von einem ziemlich zerstrittenen Ehepaar. Der Mann arbeitete als Security-Typ und war heiß auf Bodybuilding. Er war stark, sarkastisch und egoistisch. Seine Frau war klein, schüchtern – und wütend.

Er musste jeden Morgen um sechs Uhr zur Arbeit und sie stand um fünf auf, um ihm sein Mittagessen zurechtzumachen. Wir fragten uns, warum sie das tat, wo sie doch so böse auf ihn war –, bis sie uns erklärte, dass sie in das Mittagessen heimlich so viele Kalorien reinpackte, dass davon sogar Shamu der Killerwal Speck ansetzen würde.

Er dachte, er bekomme fettarme Putenschinkenbrote – sie kleisterte Butter und Mayo drauf. Als i-Tüpfelchen rührte sie ihm auch noch Zucker in den Joghurt. Und er trainierte pausenlos und wunderte sich, warum er nicht so aussah wie die Typen in den Zeitschriften.

Er bekam nie heraus, dass sie ihn mit Schweineschmalz mästete, aber er schaute auch nicht richtig hin.

Unser Körper wird ununterbrochen von dem geformt, was wir in ihn reinstecken. Vielleicht gefällt uns diese Tatsache gar nicht, vielleicht ignorieren wir sie auch, aber wir können nichts dagegen tun. Dieselbe Regel gilt für unser Denken.

Wir werden täglich mit unzähligen Botschaften bombardiert: von Lehrern, Freunden, *vermeintlichen* Freunden, unserem Schwarm, dem Internet, Fernsehshows, iPods – und unseren eigenen Gedanken. Unsere Gedanken werden von dem genährt, womit wir sie füttern – gleichzeitig versucht Gottes Gegenspieler, unsere Gedanken zu „mästen". Zum Frühstück füttert er uns mit Depressionen, mittags träufelt er uns Verführungen ins Hirn und vor dem Schlafengehen mogelt er uns noch ein paar Sorgenbrote unter.

Aber natürlich möchte er nicht, dass wir bemerken, was er in unsere kleinen grauen Zellen hineinschmuggelt.

Gesundes Denken ernährt sich von gesunden Gedanken

Wenn ich im Kopf „quicklebendig" sein möchte, muss ich aufpassen, worauf ich meine Gedanken richte. Gott hat der Menschheit ein Riesengeschenk gemacht, nämlich die Bibel – allerdings machen wir daraus oft einen schweren, unverdaulichen Brocken. Manchmal fragt mich jemand: „Wie viele Minuten am Tag muss ich denn in der Bibel lesen? Sieben? Fünfzehn? Was ist das Minimum, ohne dass Gott sauer wird?"

Absolut falsche Frage! Gott wird nicht sauer auf uns, wenn wir nicht in der Bibel lesen. Egal, wie viel wir in der Bibel lesen – Gott wird uns weder mehr noch weniger lieb haben, als er es jetzt im Moment tut. Die Frage ist: *Womit können wir unsere Gedanken füttern, damit sie aufblühen?*

Andere Leute fragen: „Wie viel Bibelwissen brauche ich? Was ist, wenn ich ein schlechtes Gewissen bekomme, weil viele Leute viel bibelfester sind als ich?" Dabei lesen wir die Bibel doch nicht, um eine religiöse „Pflicht" zu erfüllen oder um Wissen anzuhäufen. Es geht vielmehr darum, in den Fluss der Gegenwart Gottes hineinzuspringen. Okay, lass mich jetzt ein bisschen was über die Ernährung unserer Gedanken erzählen – dabei werde ich auch auf die Beschäftigung mit der Bibel zu sprechen kommen. Aber entspann dich, das Ganze wird viel weniger anstrengend als du jetzt glaubst.

Wie glücklich ist ein Mensch, der Freude findet an den Weisungen des Herrn, der Tag und Nacht in seinem Gesetz liest und darüber nachdenkt. Er gleicht einem Baum, der am Wasser steht; Jahr für Jahr trägt er Frucht, sein Laub bleibt grün und frisch. Was immer ein solcher Mensch unternimmt, es gelingt ihm gut (Psalm 1,2–3).

Der Satz „der Tag und Nacht in seinem Gesetz liest und darüber nachdenkt" mag unrealistisch oder wenig erstrebenswert klingen. Vielleicht fragst du dich: *Wie soll ich denn bitteschön je eine Arbeit fertig bekommen, wenn ich den ganzen Tag lang über die Bibel nachdenke oder meditiere?* Doch das ist gar nicht nötig. Darum geht es gar nicht.

Jemand hat mal gesagt: Wenn du dir Sorgen machen kannst, kannst du auch meditieren. Meditieren bedeutet hier einfach, einen Gedanken im Kopf immer wieder kreisen zu lassen. Wenn du eine Information bekommst, die du wichtig findest, kannst du nicht anders, als darüber nachzudenken im Sinne von „meditieren".

Als ich in der Oberstufe war, erzählte ein Kumpel mir eines Tages, dass ein bestimmtes Mädel mich mochte. Das konnte ich nicht glauben, denn dieses Mädel spielte quasi in einer völlig anderen Liga als ich.

„Das kann doch überhaupt nicht stimmen", sagte ich.

„Doch, es stimmt", entgegnete mein Kumpel. „Ich kann es auch nicht verstehen, aber es stimmt echt."

An dem Abend ließ dieser Gedanke mich nicht mehr los: *Sie steht auf mich.* Ich konnte nicht aufhören, daran zu denken. Meine Gedanken kamen immer wieder an diese Stelle zurück: *Sie steht auf mich.* Obwohl ich es noch immer kaum glauben konnte, rief ich sie am nächsten Tag an und fragte, ob sie mit mir ins Kino wollte.

Raus kam, dass es doch nicht gestimmt hatte.

Immerhin hatte ich einen Abend lang diesen schönen Gedanken gehabt. Ich hatte mich so richtig daran *gefreut*; und wenn ich mich so richtig über etwas freue, kreisen meine Gedanken die ganze Zeit um diese Sache.

Wie sieht das in der Praxis aus, sich total über das „Gesetz des Herrn" zu freuen? Hier ist sicher etwas Tieferes gemeint, als dass man zu ein paar Regeln aus der Bibel ein nettes Grinsen aufsetzt. Es fängt mit der Erkenntnis an, dass ich von Gott geliebt bin. Und Gott spielt in einer völlig anderen Liga als ich. Gott spielt in der perfekten Profiliga; ich dagegen spiele bei den Amateuren, die immer wieder scheitern. Dieser wunderbare Gott – dieser geheimnisvolle, allmächtige, heilige Gott – liebt mich! Manchmal geht uns diese Tatsache auf wie ein kompletter Kronleuchter und wir können nicht anders als daran zu denken.

Gott liebt *mich!*

Der Psalmist möchte uns mit den Worten aus Psalm 1 sagen, dass er Wege gefunden hat, wie er Gottes Liebe und Fürsorge so in seine Gedankenwelt einfließen lassen kann, dass sein ganzes Leben bereichert wird. Er weiß, dass Gott ihn liebt. Dieses Wissen hat sich so tief in sein Hirn eingegraben, dass es auch alle seine anderen Gedanken beeinflusst.

Stell es dir mal so vor: Ein Fenster kann man auf zwei Weisen betrachten. Ich kann auf die Fensterscheibe starren – auf all die Fingerabdrücke, Staubkörnchen und Dreckstriemen. Ich kann aber auch durch die Scheibe *hindurch*schauen – also die Welt betrachten, die dahinter liegt. Im zweiten Fall ist das Fenster für mich so etwas wie eine Öffnung zur Welt.

Dieses Beispiel lässt sich gut aufs Bibellesen übertragen. Ich kann sie äußerlich anschauen – also lediglich die Wörter lesen. Doch um etwas vom Inhalt zu haben, muss ich durch die Bibel *hindurch*schauen, also durch die Worte auf meine eigene Lebenswelt blicken. Das geschieht, indem ich über die Geschichte nachdenke und Fragen stelle. Dann bleiben Gedanken über Gottes Güte, Liebe und Frieden in meinem Kopf hängen, weil ich die Bibel aus dem Blickwinkel Gottes lese, der mich ständig umsorgt und mir nahe ist.

Über „alles" nachdenken dürfen

Der Apostel Paulus schreibt über die Frage, womit wir unsere Gedanken füttern sollen: „Richtet eure Gedanken auf das, was schon bei euren Mitmenschen als rechtschaffen, ehrbar und gerecht gilt, was rein, liebenswert und ansprechend ist, auf alles, was Tugend heißt und Lob verdient" (Philipper 4,8).

Der Schlüsselbegriff in diesem Vers ist „alles". In anderen Bibelübersetzungen steht vor jedem aufgezählten Adjektiv „alles, was …". Es bedeutet, dass wir die Freiheit haben, unseren Kopf mit guten Gedanken zu füllen, egal, woher sie kommen. Die Bibel selbst gibt uns also die Anweisung, unsere Gedanken auch aus anderen Quellen zu füttern, nicht nur aus der Bibel.

Und nun zum Thema „was liebenswert ist". Was findest du persönlich „liebenswert", einfach so richtig schön? Einen Sonnenuntergang? Musik, die dich zum Tanzen bringt? Deinen Lieblingssport? Das Gesicht eines Menschen, den du magst? Verweile doch mal zwei Minuten, um darüber kurz nachzudenken.

Weißt du was? Soeben bist du der Anweisung aus der Bibel gefolgt. Diese Runde zählt! Du hast deine Gedanken gerade ein Stück weit dem Heiligen Geist geöffnet.

> Wie schaffst du es, deine Gedanken auf das zu richten, was aufrichtig, ehrenwert, gerecht, rein, liebenswert und ansprechend ist – auf das, „was Tugend heißt und Lob verdient"? Vielleicht passiert es in einer Kunststunde, in der du plötzlich Schönheit in Dingen entdeckst, wo du sie vorher nie vermutet hättest. Vielleicht bist du aber auch eher ein Sport-Typ und der Wettkampf treibt dich zu „Tugenden", also zu positiven Charaktereigenschaften, an. Was bringt *dich* dazu, deine Gedanken auf solche Dinge zu richten?

Gott möchte, dass du dir angewöhnst, solche guten Gedanken zu haben. Du hast große Freiheit („alles") und in dieser Freiheit möchte Gottes Geist deine Gedanken neu vernetzen. Dabei ist es nicht sein Ziel, dass du lernst, deine Wut besonders gekonnt zu überspielen. Vielmehr will er dich dahin bringen, dass sich in deinem Kopf immer mehr Gedanken und Gefühle einnisten, die vom Geist geleitet sind und Leben hervorbringen.

Der Heilige Geist steht uns immer zur Verfügung. Du brauchst also auf nichts zu warten!

Powerfutter aus der Bibel

Wir dürfen uns natürlich aus allen guten Quellen Nahrung für unseren Geist holen, aber keine Quelle ist mit der Bibel vergleichbar. Sie lüftet das Geheimnis, wer Gott ist und was Gott für die Menschheit möchte. Kein Buch hat mehr Bedeutung. Kein Buch hat mehr Macht.

Noch nie war die Bibel so leicht zu bekommen wie heute – aber gleichzeitig war es noch nie so schwer, ihren Inhalt in sich aufzunehmen. Jeder hat ein schlechtes Gewissen, wenn er zugibt, dass er die Bibel langweilig findet. Das ist ein recht modernes Problem. Die alten Griechen zum Beispiel hatten in ihrer Sprache gar kein Wort für „Langeweile", interessant, oder? Wenn wir uns jedoch genauer mit der Antike beschäftigen, erkennen wir schnell: Damals gab es kein Fernsehen, kein Internet, keine Filme, kein iTunes, fast keine Bücher – das muss doch furchtbar langweilig gewesen sein! Trotzdem langweilten sich die Leute in der Antike nicht. Die Einzigen, die sich langweilen, sind wir. Warum? Weil unsere Fähigkeit, uns auf eine Sache zu konzentrieren, ziemlich verkümmert ist.

Uns an der Bibel so richtig zu freuen, fällt uns auch deshalb viel schwerer als den Menschen in der Antike, weil es in unserer heutigen Zeit so viele andere verlockende Angebote gibt. Wenn David auf seine Schafe aufpasste, hatte er keine anderen Unterhaltungsmöglichkeiten, darum schrieb er Psalmen, lernte sie auswendig und sang sie. Sie beeinflussten sein Denken. „Der Herr ist mein Hirt; darum leide ich keine Not …" (Psalm 23,1).

Die Weide, auf der er saß, wurde zu einer Art himmlischer Szenetreff.

In einer Welt, in der sich uns so unwahrscheinlich viele Möglichkeiten auftun, Spaß zu haben und uns abzulenken, müssen wir alle lernen, wie wir die Bibel als Nahrungsquelle anzapfen können.

Lies die Bibel mit Neugier

Wir können viel aus der Bibel lernen, wenn wir einfach Fragen stellen: *Wer hat dieses Buch geschrieben? Für wen wurde es aufgeschrieben? Handelt es sich um ein Gleichnis, Anweisungen, einen Brief oder einen historischen Bericht? Wie haben es die Leute verstanden, an die sich der Text ursprünglich richtete?*

Ein Freund von mir ist Pastor und hielt eines Sonntags den Kindergottesdienst. Er machte mit den Kindern ein Bibelquiz, um ihr Wissen zu testen. „Seht ihr den Mann dort auf dem Berg mit den beiden Steintafeln in der Hand?", fragte er und zeigte auf das Buntglasfenster. „Kann mir jemand sagen, wie der Mann heißt?"

„Mose", sagte ein Mädchen.

„Sehr gut. Woher wusstest du das?"

„Weil dort sein Name drunter steht: ‚Mose'."

Mein Freund hatte das Buntglasfenster hundertmal angeschaut, aber nie war ihm aufgefallen, dass der Name darunter stand.

Wenn wir etwas Neues sehen, fabriziert unser Gehirn unglaubliche Konzentrationsleistungen, aber in Situationen, die uns vertraut sind, schaltet es einfach ab. Fürs Bibellesen bedeutet das: Wir können uns am besten konzentrieren, wenn wir Fragen stellen und nach Dingen Ausschau halten, die uns bis dahin noch nicht aufgefallen sind.

Ein superwichtiges Werkzeug fürs Bibellesen haben wir immer dabei – unsere Vorstellungskraft. Wenn du eine Bibelgeschichte liest, dann nimm dir Zeit, um dir die Details auszumalen. Im

Kapitel 21 des Johannesevangeliums wird beispielsweise beschrieben, wie Jesus auf einem Kohlefeuer ein Fischfrühstück brutzelte, als die Jünger vom Fischen zurückkamen. Folgende Fragen könntest du stellen, um dir die Szene plastisch auszumalen: *Wie hört sich das an, wenn die Wellen gegen das Boot plätschern? Wie hat es wohl gerochen – das Kohlefeuer, die brutzelnden Fische in der Pfanne?* Ich stelle mir zum Beispiel auch den Sonnenaufgang vor, das Licht, das den Himmel in bunten Farben schimmern lässt. *Wie fühlt sich Petrus, als Jesus ihn beim Namen nennt? Wie würde ich mich an seiner Stelle fühlen – wenn ich Jesus verleugnet hätte wie Petrus?*

Wenn ich ganz in die Geschichte eintauche, wird sie lebendig und Gott kann auf neue Weise zu mir sprechen, auch wenn ich den Abschnitt schon unzählige Male gelesen habe. Es ist so, als ob du in einem dunklen Kinosaal sitzt und völlig in die Handlung des Films eintauchst. Das funktioniert auch mit biblischen Geschichten. Glaub mir, dadurch wirst du die Bibel noch mal völlig anders erleben!

Lies die Bibel mit Erwartungen

Bei Veranstaltungen gibt es manche Teilnehmer, die so richtig vor Lebensfreude sprühen, währenddessen andere nur körperlich anwesend zu sein scheinen. Meine Frau leitete eine Zeit lang einen Treff für Leute um die 20, die zum größten Teil Singles waren. Selbst mit geschlossenen Augen hätte ich sagen können, ob diese Gruppe sich in meiner Nähe befindet oder nicht – einfach aufgrund des Geruches, den sie verströmten! (Sie rochen echt wunderbar.) In normalen Gottesdiensten, in denen hauptsächlich ältere Ehepaare sitzen, ist es den Leuten egal, wie sie riechen. Doch wenn junge Leute die Hoffnung haben, den zukünftigen Freund oder die zukünftige Freundin kennenzulernen, liegt Spannung in der Luft – und ein besonderer Duft. Das ist echte Lebendigkeit.

Genauso ist es mit Gott. Wenn ich wirklich erwarte, Gott zu treffen, bin ich nicht einfach nur körperlich anwesend. Meine

Sinne sind total wach. Ich hoffe und halte Ausschau nach etwas, was nicht von mir kommt. Wenn meine Frau mir den Sportteil der Zeitung gibt, ist es ihr egal, wie oberflächlich ich ihn lese. Doch wenn sie mir einen langen Brief gibt, den sie mir in stundenlanger Arbeit zum Hochzeitstag geschrieben hat, ist oberflächliches Überfliegen sicher nicht angebracht. Dann gehe ich anders ans Lesen heran.

Ich kann mich nicht *zwingen*, die Bibel mit Begeisterung zu lesen und das sollte ich auch nicht versuchen.

Doch wenn ich es schaffe, die Bibel mit einer Erwartungshaltung zu lesen, kann sich tatsächlich vieles verändern.

Sprich über die Bibel so, wie über einen Film

Wenn man sich in einer Gruppe unterhält, kommt es manchmal vor, dass einer einen Film erwähnt, den alle gesehen haben, und plötzlich entsteht eine angeregte Diskussion über diesen Streifen. Die Leute erzählen sich sehr lebhaft, wie sie den Film fanden. Keiner hat sich „besondere Mühe gegeben", um den Film bis zum Ende zu schauen; sondern jeder war automatisch ganz bei der Sache. Beim Thema Bibel werden die Gespräche jedoch plötzlich unnatürlich. Die Leute zerbrechen sich den Kopf über „richtige" Antworten und jeder zieht sich aus dem Gespräch zurück. Wie wäre es, wenn wir über die Bibel genauso reden würden wie über tolle Filme?

Lern ab und zu einen Bibelvers auswendig

Ich weiß: Jeder hasst Auswendiglernen. Aber ich kenne auch Leute, die jede Folge von den *Simpsons* auswendig können, ohne sich besonders angestrengt zu haben, sie sich zu merken.

Bevor die Menschen die Schriftsprache entwickelt haben, war das Gedächtnis die einzige Möglichkeit, sich etwas zu merken. Heute hat das Auswendiglernen einen schlechten Ruf bekommen. Aber noch nie bist du durch Auswendiglernen dümmer geworden – ganz im Gegenteil! Wenn wir richtig gute Sätze in unserem Gedächtnis gespeichert haben, können wir unseren Glauben damit sehr bereichern.

Wenn dich ein Bibelvers besonders anspricht, könntest du ihn auf ein Kärtchen oder ein Post-it schreiben. Den Zettel befestigst du dann am Badezimmerspiegel, legst ihn in deine Federmappe oder pinnst ihn neben dein Bett. So wirst du den Vers schnell auswendig lernen. (Falls du eher jemand bist, der durchs Hören lernt, kannst du den Bibelvers auch auf CD oder auf dem iPod aufnehmen und dann anhören.)

Nicht nur lesen … auch etwas tun

Ein durchgeknallter Geschäftsmann erzählte einmal dem Schriftsteller Mark Twain, er wolle noch vor seinem Tod eine Reise ins Heilige Land machen, den Berg Sinai besteigen und dort laut die Zehn Gebote vorlesen. „Da hab ich eine bessere Idee", erwiderte Mark Twain. „Sie könnten hier in Boston bleiben und die Zehn Gebote in die Tat umsetzen."

★ Wir diskutieren lieber über Sachen, die wir nicht verstehen, anstatt das in die Tat umzusetzen, was wir bereits wissen.

Auch uns geht es oft so, dass wir lieber über Sachen diskutieren, die wir nicht verstehen, anstatt das in die Tat umzusetzen, was wir bereits wissen.

Unwissenheit ist dabei selten unser Problem; wir wissen genug, aber scheitern am Praxistest.

Der Schriftsteller Erich Kästner hat mal gesagt: „Es gibt nichts Gutes, außer man tut es." Setz es in die Tat um, beispielsweise einen schwierigen Menschen zu lieben oder jemandem zu vergeben. Spende ein bisschen Geld. Sag jemandem Danke. Mache einem Freund Mut. Mache einem Feind Mut. Sag Entschuldigung. Lobe Gott.

Du weißt schon alles, was du wissen musst.

Diskutier nicht über Kleinigkeiten. Geh einfach los und tu die Dinge, die wichtig sind.

Das ist unsere Herausforderung.

Es genügt aber nicht, dieses Wort nur anzuhören. Ihr müsst es in die Tat umsetzen. (Jakobus 1,22)

Allerdings können wir es nicht aus eigener Kraft in die Tat umsetzen. Wir müssen beim Bibellesen den Heiligen Geist bitten, dass er uns verstehen hilft, wie wir das Gelesene in die Tat umsetzen können. Wir haben unendlich viele Möglichkeiten. Und wenn wir es mal vergessen oder es nicht auf die Reihe kriegen, bekommen wir immer wieder eine neue Chance von Gott.

An einem Samstagnachmittag wollte ich kurz vor Gottesdienstbeginn in der Apotheke ein bestelltes Medikament abholen. Und weil ich es eilig hatte, hatte ich am Vortag angerufen, damit es auf jeden Fall abholbereit sein würde. Als ich jedoch ankam, sagte der Apothekenmitarbeiter mir, dass es erst in der nächsten Woche geliefert werden könne. Anscheinend hatte es ein Missverständnis zwischen meinem Arzt, der Krankenversicherung und der Apotheke gegeben.

„Ich brauche es aber unbedingt jetzt", erwiderte ich, da ich am nächsten Tag ins Ausland fliegen wollte.

„Tja, es ist aber noch nicht da", erwiderte der Mitarbeiter.

„Aber das automatisierte Infosystem hat doch gestern Abend angegeben, dass es heute abholbereit ist."

„Dann hat das automatisierte Infosystem wohl einen Fehler gemacht", sagte er.

Da stieg unglaubliche Wut in mir auf. *Ein Fehler im System?*, hätte ich am liebsten gesagt. *Von wegen! Sie sind der Fehler!* Das sagte ich natürlich nicht, aber jede Bewegung und mein Tonfall zeigten dem Mann unmissverständlich, wie ärgerlich und wütend ich auf ihn war. Ich *fühlte* mich nicht nur wütend – ich *wollte unbedingt* wütend sein. Ich wollte, dass er sich schlecht fühlt. Hinterher war ich ziemlich erschrocken über so viel Gehässigkeit in mir.

Als ich in meinem Büro im Gemeindehaus ankam, schlug ich meine Bibel auf und las nur einen kurzen Satz: „Ihr sollt einander lieben" (Johannes 13,34). Sofort musste ich einen Freund anrufen und ihm gestehen, dass in mir ein fieser kleiner Kerl wohnt, der mir Angst macht.

Als ich dann von meiner Reise zurückkam, ging ich in die Apotheke, um mich bei dem Apothekenmitarbeiter zu entschuldigen und ihm zu sagen, dass ich sehr dankbar für seine Arbeit bin.

Und schon war ich wieder drin im Strom des Lebens.

Kapitel 9

» Bleib mit deinen Sorgen nicht allein

Als unsere Töchter drei bzw. fünf Jahre alt waren, nahmen wir sie mit ins Schwimmbad des Hotels, in dem wir uns gerade aufhielten. Zuvor schärften wir ihnen ein, dass man leicht ertrinken könne und sie deshalb unbedingt aufpassen müssten.

Vielleicht zeigte mein Vortrag eine etwas zu große Wirkung.

Denn als die fünfjährige Laura an meiner Hand ins Wasser sprang, erschrak die dreijährige Mallory, die am Beckenrand saß, so sehr, dass sie selbst ins Wasser fiel. Sie war nur weniger als eine Sekunde unter Wasser, aber als ich sie herauszog, weinte sie heftig.

„Ich bin ertrunken!", schrie sie. „Ich bin ertrunken! Ich bin ertrunken!"

Aus ihrer Sicht war die Situation wahnsinnig schrecklich. Aus meiner Sicht war es trotz allem auch ein bisschen lustig.

„Nein, Schatz", antwortete ich sanft. „Du bist nicht ertrunken. Du warst nur eine Sekunde unter Wasser. Alles ist gut … wir erzählen Mama nichts davon, okay?"

Mallory war nicht in Gefahr gewesen. Ich wusste das ganz sicher, sie hingegen nicht. Ihr Vater hatte sie ununterbrochen im Blick und konnte sie auf der Stelle aus ihrer Notlage befreien.

Genauso weiß auch Jesus, dass keine Notlage auf dieser Welt die Macht hat, uns aus Gottes Schutz herauszureißen. Immer sind wir in der Hand unseres himmlischen Vaters. Selbst wenn der Tod uns holt, ergeht es uns so wie Mallory im Schwimmbecken. Wir tauchen auf und rufen: „Ich bin ertrunken! Ich bin ertrunken! Ich bin ertrunken!" Doch der Vater wird uns antworten: „Die ganze Zeit hatte ich dich in der Hand."

Versuchen wir mal ein Gedankenexperiment: *Stell dir vor, du hast keine Angst mehr. Stell dir vor, du begegnest schulischem Druck oder einem zornigen Lehrer mit einer totalen inneren Ruhe. Stell dir vor, du meisterst Ablehnung und Hindernisse, ohne je verzweifelt aufzugeben. Stell dir vor, du kannst deine Fehler zugeben, aber dann zuversichtlich die nächsten Schritte tun. Stell dir vor, du tust all das mit Gott als deinem Partner und Freund. Jetzt stell dir vor, dass die Leute in deiner Umgebung zu dir kommen, wenn sie gefrustet oder total fertig sind, weil sie finden, dass deine Ausgeglichenheit und deine innere Ruhe ansteckend wirken.*

Ein Mensch, der vom Geist Gottes erfüllt ist, strahlt Lebendigkeit und Frieden aus. Was du dir im Experiment ausgemalt hast, ist deine Gedankenwelt, wenn du in den Strom des Lebens eingetaucht bist. Es gibt einen wunderschönen Ausdruck dafür, wie Gottes Geist in uns wirken will: Er ist ein Freund, der uns Ruhe schenkt.

Gottes beruhigende Freundschaft

Eine „beruhigende Freundschaft" funktioniert so: Mehrere Leute stehen zusammen vor einem Problem, zum Beispiel zu Hause oder in der Schule. Einer nach dem anderen fängt an, Panik zu schieben und bald schon sind alle ziemlich verängstigt. Jeder dreht durch. Es ist total ansteckend. Dann fällt ihnen plötzlich auf, dass ein Einziger von ihnen gar keine Angst hat. Er erkennt ganz klar das Problem, bleibt aber ruhig und zuversichtlich und kann noch klar denken. Langsam steckt er mit seiner Einstellung die anderen an. Alle werden wieder ruhiger. Diese eine Person hat die Gabe der „beruhigenden Freundschaft". Sie vermittelt allen, dass die Sache schon gut ausgehen wird.

Jesus hielt einmal ein Nickerchen im Boot, als ein Sturm aufzog. Die Freunde von Jesus, die Jünger, weckten ihn, weil sie furchtbare Angst vor dem Sturm hatten. Jesus sah zum Sturm hinaus und sagte: „Schweig! Sei still!" Da wurde es ganz still (Markus 4,39).

Jesus war ein solcher „beruhigender Freund". Er trug Frieden in sich. Er sagte nicht: „Wenn du mir nachfolgst, hast du nie wieder Probleme", denn sogar Jesus hatte große Probleme zu bewältigen. Wenn man mal drüber nachdenkt, stellt man schnell fest, dass Jesus sich ständig in Schwierigkeiten brachte. Am Ende wurde er sogar getötet.

> Denn Gott hat uns nicht ★ einen Geist der Furcht gegeben, sondern einen Geist der Kraft, der Liebe und der Besonnenheit. 2. Timotheus 1,7; NL

Frieden bekommen wir nicht, indem wir einen See finden, auf dem es nie stürmt. Frieden bekommen wir, indem wir Jesus im Boot haben.

Gott möchte nicht, dass wir in Sorgen und Angst leben. Er möchte, dass wir mutig und zuversichtlich in seiner Kraft leben. „Denn Gott hat uns nicht einen Geist der Furcht gegeben, sondern einen Geist der Kraft, der Liebe und der Besonnenheit." (2. Timotheus 1,7; NL). Auch in der Bibel werden die Menschen von Gott meist in Situationen hineingeschickt, in denen sie sich nicht besonders wohlfühlen. Doch Gott verspricht ihnen, in der Angst *bei* ihnen zu sein.

Gott forderte Abraham auf, alles Vertraute hinter sich zu lassen und in ein Land zu gehen, das er nicht kannte. Dann wollte Gott Abraham gebrauchen, um ein neues Volk aus ihm hervorzubringen, das die Welt verändern sollte. Abraham zog los und eine neue Nation wurde geboren.

Gott forderte Mose auf, dem Pharao entgegenzutreten – es war der mächtigste Mann der Welt – und dann wollte Gott Moses Treue gebrauchen, um sein Volk zu retten. Mose trat dem Pharao entgegen und Gott befreite.

Dann forderte Gott Josua auf, ein starker, mutiger Anführer des Volkes Israel zu sein, zu einem Zeitpunkt, als alle anderen schon mutlos geworden waren und wieder in die Sklaverei nach Ägypten zurückkehren wollten. Aber Gott wollte mit ihnen gehen und ihnen das versprochene Land geben. Josua war stark und mutig – und Gott schenkte ihnen das Land.

> ★ Frieden bekommen wir nicht, indem wir einen See finden, auf dem es nie stürmt. Frieden bekommen wir, indem wir Jesus im Boot haben.

Dieses Muster wiederholt sich in der Bibel immer und immer wieder. David stellte sich dem Riesen Goliath zum Kampf, Daniel ging in eine Löwengrube – und jedes Mal war Gott mitten in ihrer Angst da.

Ein Sorgentest

Diesen kleinen Fragebogen habe ich von dem Harvard-Forscher Edward M. Hallowell[8] übernommen und etwas abgeändert. Beantworte jede Frage mit einer Zahl zwischen 0 (nein, überhaupt nicht) und 3 (ja, auf jeden Fall).

1. Wünschst du dir, du würdest dir weniger Sorgen machen?
2. Spuken dir manchmal Sorgen im Kopf herum, die sich dann in deinen Gedanken festbeißen wie gefährliche Zecken?
3. Fällt es dir schwer, Komplimente oder Ermutigungen anzunehmen?
4. Machst du dir mehr Sorgen als nötig über die Frage, was die anderen von dir denken?
5. Wie sehr schiebst du Sachen vor dir her? (Hast du die letzte Frage noch immer nicht eindeutig beantwortet?)
6. Meidest du Auseinandersetzungen?
7. Fühlst du dich manchmal zum Sorgenmachen gezwungen, weil du das fast abergläubische Gefühl hast, dass das Schlimme passiert, wenn du dir keine Sorgen drüber gemacht hast; aber dass du das Schlimme vielleicht verhindern kannst, indem du dir Sorgen darüber machst?

8. Machst du dir „Sorgen über deine Sorgen"? Hast du manchmal das Gefühl, dass Gott enttäuscht ist, weil du so wenig Glauben hast?
9. Machst du dir Sorgen darüber, wie du bei diesem Test wohl abschneiden wirst?

Wenn du 0 Punkte hast, bist du entweder ein unglaublich selbstbewusster Mensch oder du hast ein völlig realitätsfernes Bild von dir.

Wenn du 9 Punkte oder weniger hast, hast du keine Probleme mit Sorgen.

Wenn du zwischen 10 und 18 Punkten liegst, ziehen Sorgen dich wahrscheinlich öfters mal runter.

Wenn du mehr als 18 Punkte hast, könnten Sorgen großen Schmerz in deinem Leben verursachen. Es wäre gut, wenn du mal mit richtig guten Freunden oder mit einem von deinen Eltern oder einem Jugendgruppenleiter darüber redest.

Der Friede Jesu ist viel, viel tiefer als jede Selbsthilfemethode zur Stressbewältigung. Es ist eine Gewissheit, die bis in dein allertiefstes Innerstes dringt – dass alles in Gottes Hand liegt.

Ach so: Hatte ich schon gesagt, dass sich *jeder Mensch* Sorgen macht?

Liebe vertreibt die Angst

Wenn wir im Strom von Gottes Geist leben, schreibt Paulus, macht Gott uns nicht furchtsam, sondern gibt uns Kraft und Liebe. Das ist nicht die einzige Bibelstelle, die eine enge Verbindung zwischen „Liebe bekommen" und „mit Kraft leben" herstellt. Der Apostel Johannes beschreibt in einem seiner berühmtesten Sätze denselben Zusammenhang: „Die Liebe kennt keine Angst. Wahre Liebe vertreibt die Angst" (1. Johannes 4,18).

Wenn wir in Gottes Gegenwart leben, lassen wir die vollkommene Liebe Gottes so lange über uns fließen, bis unsere Angst langsam weggeschwemmt wird. Die moderne Wissenschaft hat bestätigt, was Johannes vor so vielen Jahrhunderten aufgeschrieben hat: *Liebe und Angst können nicht gleichzeitig in unserem Körper existieren.*

Gott will dich lieben – und indem er dich liebt, soll deine Angst verschwinden.

★ Die Liebe kennt keine Angst. Wahre Liebe vertreibt die Angst.

Vielleicht passiert das, wenn du mit Gott allein bist. Vielleicht passiert es, wenn du mit ein paar Leuten zusammen betest. Vielleicht erlebst du es, wenn du Geschichten über das Leben von Jesus liest. Oder es geschieht, während du ein Anbetungslied singst oder Musik hörst.

Sehr oft benutzt Gott andere Menschen, damit Liebe die Angst vertreiben kann. Der Psychiater Edward M. Hallowell formuliert das so: „Bleib mit deiner Sorge nicht allein."[9] Wenn Sorgen meine Gedanken gefangen nehmen, entstehen daraus nur noch mehr Sorgen. Sorgen vermehren sich nämlich schneller als Kaninchen. Die stärkste Waffe gegen die Sorgenspirale ist dann, einem Freund von meiner Sorge zu erzählen.

Vor einiger Zeit musste ich einen Vortrag vor einer großen Gruppe halten. Aus unerklärlichen Gründen kam mir jedes Mal, wenn ich daran dachte, in Erinnerung, wie ich vor vielen Jahren während eines Vortrags zweimal in Ohnmacht gefallen war. Ich spürte plötzlich dieselbe Anspannung im Körper und hatte Angst, dass es wieder passieren würde. Eine Zeit lang war mir diese Angst so peinlich, dass ich niemandem davon erzählte. Schließlich gestand ich sie einem Freund, der sofort für mich betete. Ich fühlte mich so erleichtert, dass ich mich fragte, warum ich es ihm nicht schon viel früher erzählt hatte.

Den Vortrag selbst begann ich dann damit, dem ganzen Publikum von meiner Angst zu erzählen. Jetzt hatte ich Tausende Menschen mit besorgten Gesichtern vor mir, die hofften, dass ich ja nicht in Ohnmacht fallen würde! Aber ich machte mir überhaupt keine Sorgen mehr. Ich war erleichtert, dass ich nicht mehr den Starken spielen musste. Allein die beruhigenden Worte eines Menschen waren das Werkzeug Gottes gewesen, um meine Angst zu vertreiben – denn nicht nur Angst, sondern auch Friede ist ansteckend.

Als die Israeliten das Gelobte Land erobern sollten, gab Gott ihnen eine sehr interessante Anweisung: „Ist jemand da, der Angst hat und sich vor dem Feind fürchtet? Er soll heimkehren, damit er nicht die anderen ansteckt und auch ihnen den Mut nimmt" (5. Mose 20,8). In einer Armee, in einer Schule, in einem Team, in einer Gemeinde wirken Pessimismus, Angst und Entmutigung ansteckend. Doch auf der anderen Seite ist auch Mut total ansteckend!

> Bleib mit deiner Sorge ★ nicht allein … Die stärkste Waffe gegen die Sorgenspirale ist nämlich, einem Freund von deiner Sorge zu erzählen.

Gottes Beitrag dazu beschreibt Paulus so: „Dann wird der Frieden Gottes, der alles menschliche Begreifen weit übersteigt, euer Denken und Wollen im Guten bewahren, geborgen in der Gemeinschaft mit Jesus Christus" (Philipper 4,7). Damit meint Paulus nicht einfach den Frieden, der *von* Gott kommt; er bezieht sich auf den Frieden, den Gott *selbst* in sich trägt. Dieser Friede beschützt unser Herz und unsere Gedanken!

> Dann wird der Frieden ★ Gottes, der alles menschliche Begreifen weit übersteigt, euer Denken und Wollen im Guten bewahren, geborgen in der Gemeinschaft mit Jesus Christus. (Philipper 4,7)

Bist du schon mal mit dem Flugzeug geflogen? Wenn ja, ist dir bestimmt aufgefallen, dass die Securityleute am Flughafen jeden Fluggast sorgfältig durchchecken, um Frieden und Sicherheit zu gewährleisten.

An den Flughäfen ist man sich einig, dass niemand ein Flugzeug besteigen darf, der das Wohl der Passagiere und des Flugpersonals gefährden könnte. Darum untersuchen und entfernen sie jeden, der verdächtig wirkt. Auf ähnliche Weise ist jeder Gedanke wie ein Passagier, der in unserem Kopf mitreist. Jeder davon ist geistlich gesehen entweder positiv oder negativ geladen. Manche Gedanken helfen uns, das Leben zu meistern: *Gott liebt mich. Gott ist bei mir. Gott wird mich führen. Ich bin nie allein.* Andere rauben uns den Frieden: *Ich schaffe das nicht. Ich bin allein. Ich bin eh zu schlecht dafür.*

Gott verspricht uns, dass er über unseren Gedanken wachen wird. Es geht nicht darum, dass wir uns mehr anstrengen müssen. Indem ich Gott meine Sorgen anvertraue, werde ich die Lasten los. Indem ich ihn um Hilfe bitte, ziehe ich gewissermaßen seinen Frieden an – wie einen Pullover. Wenn du es das erste Mal ausprobierst, kostet das noch viel Überwindung, aber mit der Zeit kannst du dir dieses Denken angewöhnen. Jetzt weißt du, warum Gebet so wichtig ist, wenn du Sorgen loswerden willst. Gebet bedeutet, eine Sorge an Gott abzugeben – sobald wir sie auch nur erahnen. Auf diese Weise können wir auch selbst mit dafür sorgen, dass der Friede Gottes unsere Gedanken beschützt und bewahrt.

Sofortmaßnahmen gegen die Angst

Solcher Friede beschränkt sich nicht nur auf unsere Gedanken, sondern ist auch das Ergebnis unseres Verhaltens.

Um grundlegende Lebensängste loszukriegen, reicht es nicht, Texte oder Predigten darüber zu hören, dass Gott für uns sorgt. Wenn wir uns Gottes Gegenwart öffnen wollen, müssen wir unsere Gedanken zwar ständig mit solchen Botschaften füttern –, aber es ist auch wichtig, im Vertrauen einfach loszugehen.

Früher bin ich mit meinen Studenten im Sommer oft in ein Camp gefahren, wo es einen Hochseilgarten gab. Die Seile waren in circa 10 Metern Höhe gespannt. Es gab verschiedene Abschnitte mit kreativen Namen wie „Jakobsleiter" und „Glaubenssprung". Der allerletzte Abschnitt hieß „Der Schrei". Warum wohl ...?

Bevor wir den Seilparcours besteigen, geben uns die Mitarbeiter immer eine kleine Einweisung. Sie erklären uns, wie stark die Klettergurte sind, wie belastbar die Seile sind, an denen wir hängen (sie würden tonnenschwere Gewichte aushalten), und wie unzerstörbar stabil die Karabiner konstruiert wurden. Sie erklären uns, dass man oben auf den Seilen total sicher ist. Wir brauchen uns also keine Sorgen zu machen – Autofahren ist sogar gefährlicher als das Klettern auf dem Seilparcours.

Jeder hört dieselbe Einweisung. Keiner widerspricht diesen Tatsachen. Wir nicken alle zustimmend. Wir glauben den Mitarbeitern. Doch wenn wir oben auf den Seilen sind, stimmt unser Magengefühl dem Verstand nicht mehr zu. Jesus hat gesagt: „Aus eurem Bauch werden Ströme lebendigen Wassers fließen", doch wenn man zum ersten Mal zehn Meter über der Erde schwebt, hat man den Eindruck, dass etwas völlig anderes aus dem Bauch strömt.

Wenn man das erste Mal über die Seile läuft, hat man Angst. Ganz automatisch rauschen einem folgende Gedanken durchs Hirn: *Das ist einfach zu hoch. Das ist kein bisschen sicher. Ich fall gleich runter.* An diesem Gedankenfluss kann keine noch so gute Einweisung etwas ändern. Dein Denken ist noch nicht erneuert worden. Beim zweiten Versuch hast du wahrscheinlich noch immer Angst, aber vielleicht ein bisschen weniger.

Ganz anders ist es bei den Mitarbeitern des Hochseilgartens. Sie waren schon Hunderte Male auf den Seilen – den ganzen Sommer über. Und weil sie sich dieser Erfahrung immer wieder aussetzen mussten, haben sich ihre Gedanken verändert. Ihr Magengefühl hat sich davon überzeugen lassen, dass man auf den Seilen absolut sicher ist. Ihre Gedanken sind durch andere ausgetauscht worden.

Ein Schlüsselmoment im Hochseilgarten ist, wenn man festgegurtet ist, bereit zum Klettern, und zum Kletterlehrer sagt: „Gurt gesichert!". Man könnte aber genauso gut sagen: „Ich hab den

Verstand verloren!" Einen Gurt „sichern" bedeutet ja beim Klettern, dass er absolut sicher festgemacht ist. Es bedeutet, dass man superfest mit dem verbunden ist, was einen vor dem Absturz schützt. Man vertraut seinen Körper den Konstruktionen an, denen man vom Kopf her vertraut. Man geht im Vertrauen los. Gurt gesichert.

Der Kletterlehrer sagt so etwas wie: „Okay, gesichert. Es kann losgehen."

Und du legst los.

Du könntest dir die Einweisung über die Sicherheit der Gurte und Seile tausendmal anhören, du könntest sie sogar Wort für Wort auswendig lernen – doch das allein würde dir beim allerersten Klettern nicht die Angst nehmen. Wenn du hingegen oft genug „Gurt gesichert" gesagt hast, wird sich dein Gefühl im Laufe der Zeit verändern.

Reine Informationen reichen nie aus, um uns zu verändern. Wir können unzählige Bücher lesen, Predigten anhören, vielleicht sogar in der Bibel lesen – und trotzdem so ängstlich bleiben wie zuvor. Es gibt keinen anderen Weg, den Frieden Gottes von unserem Kopf in den ganzen Körper wandern zu lassen, als im Vertrauen auf Gott unsere größten Ängste anzugehen.

Raus aus den Sorgen, rein in den Strom des Lebens

- Denk über einen Bibelabschnitt nach, z. B. Psalm 23. Lass deiner Fantasie freien Lauf und stell dir vor, wie sich der gute Hirte auf der grünen Weide um dich kümmert.
- Erzähl einem Freund von deiner Sorge, bevor sie sich in deinen Gedanken festhakt.
- Sprich ein Minigebet, z. B. „Herr, ich geb dir meine Sorgen."
- Finde heraus, wovor du dich genau fürchtest und unternimm einen Schritt, um dich dieser Angst zu stellen.
- Achte darauf, dass du genug Schlaf hast. „Ich will mich in Frieden hinlegen und schlafen, denn du allein, Herr, gibst mir Geborgenheit." (Psalm 4,9; NL)

Wir haben die Bibel und das Gebet nicht als Hilfsmittel bekommen, um Ängste zu vertreiben. Wenn wir uns nämlich über lange Zeit ängstlich davor drücken, das Richtige zu tun, sterben wir jedes Mal innerlich ein bisschen. In den Friedensstrom Gottes stellen wir uns nur, wenn wir zu Gott sagen: „Gurt gesichert!"

Nehmen wir mal an, du machst dir Sorgen über eine große Projektarbeit für die Schule. Anstatt die Arbeit vor dir herzuschieben, sagst du „Gurt gesichert!", und los geht's. Du gibst dein Bestes – mit Gottes Hilfe. Jedes Mal, wenn die Sorge sich wieder in deine Gedanken einschleicht, reichst du diese Sorge im Gebet an Gott weiter.

Wir leben unser Leben nur einmal. Es werden grandiose Dinge in unserem Leben geschehen; so mancher Traum wird sich erfüllen. Es werden aber auch sehr schwierige Dinge in unserem Leben geschehen; sie werden Leid, Probleme und Enttäuschungen mit sich bringen. Das steht fest. Doch egal, was geschieht: Wir können entweder sorgenvoll oder in Frieden durch unser Leben gehen.

Das Leben ist zu kurz,
die Freude ist zu kostbar,
Gott ist zu gut,
die Seele ist zu wertvoll,
wir sind zu wichtig,
als dass wir auch nur einen einzigen Augenblick
unseres Lebens
der Angst preisgeben wollen.
Denn Gott hat uns nicht einen Geist der Furcht
gegeben.

Gurt gesichert!

Teil 4

» **Meine Zeit nutzen**

Kapitel **10**

» Reden und Beten fließen ineinander

Wenn wir verzweifelt sind, flehen wir zu Gott. Wenn wir völlig fertig sind, ist es eine ganz normale menschliche Reaktion, zu Gott zu kommen. Auch wenn wir uns total freuen, wenden wir uns oft an Gott und sagen ihm Danke. Und wenn das schlechte Gewissen uns zerfrisst, wenden wir uns ebenfalls an ihn.

Du betest häufiger als du denkst. Sogar in der Schule beten wir. Manche Leute diskutieren darüber, ob Beten in der Schule politisch erlaubt ist. Aber solange es in der Schule Tests und Prüfungen gibt, wird in der Schule auch gebetet – und wenn es nur im Stillen ist.

Stell dir vor, jemand fragt dich: *Wie geht es eigentlich deinem Gebetsleben?* Was würdest du dann antworten? Ist der Zustand deines Gebetslebens abhängig von der Länge oder der Anzahl deiner Gebete? Wird es daran gemessen, für wie viele Menschen du betest oder mit wie viel Glauben du betest oder wie viele Gebete erhört werden?

Wenn du an Gott glaubst, dann hast du bereits angefangen zu beten – hast ein Gespräch mit ihm angefangen. Denn an Gott glauben bedeutet, die Gewissheit zu haben, dass er immer da ist, dass er jedes Wort von dir hört. Wenn du anfängst zu glauben, fängst du auch an zu beten – weil Gott *immer* ganz nah bei dir ist. Darum wollen wir jetzt mal zusammen überlegen, wie das Beten mit dem „restlichen Leben" zusammenhängt.

Ist Gott bei deinen Gesprächen mit dabei?

Die Sache mit dem Beten können wir besser verstehen, wenn wir sie damit vergleichen, wie du mit einem Freund oder einer Freundin zusammen abhängst. Wenn du mit dem Freund oder der Freundin Zeit verbringst, beeinflusst es die Art und Weise, wie du über ihn beziehungsweise sie redest. Nennen wir den Freund mal Lukas. Manchmal reden wir vielleicht mit jemand anderem über Lukas, aber Lukas steht daneben und hört zu. Dann beeinflusst die Tatsache, dass Lukas dabei ist, was wir sagen und wie wir es sagen. Wir können uns auch eine weitere Situation vorstellen: Wir reden über Lukas, wenn er nicht in der Nähe ist. Jetzt könnte es sein, dass wir ganz andere Sachen über ihn erzählen. Es gibt also drei Situationen:

1. *Mit* einem Freund reden.
2. Reden, wenn der Freund *daneben steht.*
3. Reden, wenn der Freund *nicht dabei ist.*

Jetzt kommt die Stunde der Wahrheit: Hast du schon mal über jemanden geredet, der beim Gespräch nicht dabei war? Und hast du dabei Sachen gesagt, die du nicht gesagt hättest, wenn derjenige daneben gestanden hätte? Der Schriftsteller Mark Twain fuhr einmal mit dem Zug vom Angelurlaub nach Hause. Er hatte drei Wochen lang äußerst erfolgreich geangelt, obwohl die Angelsaison zu Ende und damit Angeln verboten war. Dem einzigen anderen Fahrgast im Abteil schwärmte er vor, welch gigantischen, illegalen Fang er gemacht hatte.

Der Gesichtsausduck seines Gegenübers wurde dabei immer finsterer. Als Twain ihn schließlich fragte, wer er sei, erklärte der Unbekannte ihm, er sei der oberste Fischereiaufseher dieser Region (das bedeutet, er musste dafür sorgen, dass jeder sich in der Natur an die Regeln und Gesetze hält, zum Beispiel an ein Angelverbot …).

„Und wer sind Sie?", fragte der Fischereiaufseher.

„Ehrlich gesagt", antwortete Twain, „bin ich der größte Lügner im ganzen Land."

Wenn ich *mit* jemandem rede oder er *daneben* steht, kommt es oft vor, dass ich meine wahre Meinung verberge. Wenn ich versuche, einen guten Eindruck zu machen – auf meinem ersten Date oder wenn ich mit einer Autoritätsperson rede –, filtere ich das, was ich sage. Wenn ich *mit* jemandem rede oder er *daneben* steht – beispielsweise ein Lehrer, ein Elternteil oder ein Trainer –, läuft ein innerer Vorgang in mir ab, der mein Reden beeinflusst, weil die betreffende Person anwesend ist. Selbst wenn es mir nicht bewusst ist, verlangt dieser Ablauf eine gewisse Konzentration und Anstrengung. Deswegen wünsche ich mir so sehr, einen Ort zu haben, an dem ich einfach Ich sein darf, wo ich nicht auf meine Worte oder meine Körpersprache aufpassen muss, um einen gewissen Eindruck auf jemanden zu machen.

So, jetzt bringe ich Gott ins Spiel. Tatsache ist, dass wir niemals in Gottes Abwesenheit reden oder handeln. Der Psalmist schreibt: „Wohin kann ich gehen, um dir zu entrinnen, wohin fliehen, damit du mich nicht siehst? Steige ich hinauf in den Himmel – du bist da. Verstecke ich mich in der Totenwelt – dort bist du auch" (Psalm 139,7–8). Trotzdem lässt Gott in uns manchmal das Gefühl zu, dass wir weit von ihm weg seien, und ich glaube, er hat einen Grund dafür. Hast du dich in der Schule schon mal anders verhalten als sonst, weil du wusstest, dass der Schulleiter im Flur steht und in deine Richtung schaut? Warum? Wahrscheinlich nicht, weil sich deine Einstellung geändert hatte. Und auch nicht, weil du beim Anblick des Schulleiters dachtest: *Oh, ich will ein Musterschüler sein.* Du benahmst dich plötzlich gut, weil du dir keinen Ärger einhandeln wolltest!

Weißt du, Gott will keinen erzwungenen Gehorsam. Gott ist so gigantisch und gewaltig, dass sich die Menschen gezwungen fühlen würden, ihm zu gehorchen, wenn er zu „sichtbar" wäre. Sie würden nicht ihr wahres Herz zeigen. Darum gibt Gott uns in seiner gigantischen Liebe die Möglichkeit, so zu leben, als wäre er gar nicht da.

Das kann zu Widersprüchen in unserem Glaubensleben füh-ren. Ich habe an einer christlichen Hochschule studiert. Um zu entscheiden, wer das Tischgebet sprach, gab es dort schon seit Jahren eine Tradition, die wir „Daumenspiel" nannten. Alle ho-ben den Daumen und wer ihn als Letzter in die Luft streckte, war mit Beten dran. Dann senkten wir alle den Kopf und derjenige begann sein Gebet ungefähr so: „Oh Herr, wir lieben dich so sehr. Es ist so gut, zu dir zu beten!"

Damals machte ich mir keine Gedanken darüber, aber Jahre später fiel mir auf: *Also, da muss Gott sich gedacht haben: „Leute, wenn es so toll ist, zu mir zu beten, warum ist dann immer gerade der Verlierer des Daumenspiels mit Beten dran?"*

Während des Daumenspiels benahmen wir uns ja so, als würde Gott uns nicht sehen. Doch beim Gebet taten wir so, als würde Gott sich plötzlich wieder einschalten. Aus diesem Grund beten manche Leute auch in einem völlig anderen Tonfall als sie nor-malerweise sprechen – vielleicht finden sie ihre Gebetsstimme „heiliger" oder so. Bezogen auf den Glauben haben wir sozusa-gen eine Art gespaltene Persönlichkeit.

Ziel des Betens ist nicht, besonders gut im Beten zu wer-den, wie viele Menschen vielleicht meinen. Ziel ist es auch nicht, neue Rekorde für die längsten Gebetszeiten aufzu-stellen. Ziel des Gebets ist ein-zig und allein, fröhlich und im Bewusstsein von Gottes Gegenwart zu leben und alle meine Worte in diesem Bewusstsein zu sprechen.

> Ziel des Gebets ist, ★ fröhlich und im Bewusst-sein von Gottes Gegen-wart mein ganzes Leben zu leben und meine Worte zu sprechen.

Gebet wird echt, wenn wir kapieren, mit welcher Güte Gott permanent bei unserem „wahren Ich" ist. Jesus lebte seinen All-tag im absoluten Bewusstsein, dass der Vater ganz nah bei ihm ist. Als er zum Beispiel Lazarus von den Toten auferweckte, „blickte" er zuerst „zum Himmel auf" und betete (vgl. Johannes 11,41). Heute machen die meisten Leute die Augen beim Beten zu. Für die Juden war es zu jener Zeit hingegen normal, mit offenen Augen zu beten. Es erinnerte sie daran: *Gott ist da, hier und jetzt, mitten in meinem Leben und meiner Welt.*

„Vater, ich danke dir, dass du meine Bitte erfüllst. Ich weiß, dass du mich immer erhörst. Aber wegen der Menschenmenge, die hier steht, spreche ich es aus - damit sie glauben, dass du mich gesandt hast." (Johannes 11,41–42)

Jesus wusste, dass Gott ihn hört – nicht nur, wenn er betete, sondern immer, wenn er redete. Gott antwortete immer, wenn Jesus etwas gesagt hatte, egal, ob er gerade zum Vater oder zu einem Menschen sprach. Für Jesus gab es kaum einen Unterschied zwischen Beten und normalem Reden. Wenn Jesus einen Menschen heilte, sprach er den Menschen manchmal direkt an. Manchmal sprach er Gott direkt an. Es war aber ziemlich egal, denn er redete immer in Anwesenheit Gottes und Gott antwortete immer.

Sprich mit Gott über deine Probleme

Was sind die Hauptbereiche deines Lebens? Deine Freundschaften, deine Familie, Schule, Studium oder Arbeit, deine Emotionen, deine Gewohnheiten, deine moralischen Entscheidungen, deine Gesundheit, dein Aussehen? Fällt dir mindestens ein Problem aus einer dieser Kategorien ein?

Wenn ja, hast du bereits einen Super-Anlass zu beten.

Uns wird ständig vorgegaukelt, dass wir uns Sorgen machen, weil wir Probleme haben, und dass wir uns keine Sorgen mehr machen würden, wenn wir keine Probleme hätten. Bereit für eine gute Nachricht? *Die Probleme werden verschwinden.* Bereit für eine schlechte Nachricht? *Sie verschwinden erst, wenn wir sterben.* Du wirst noch staunen, wie egal dir deine Probleme plötzlich sind, wenn du tot bist. Bis dahin wird das Leben jedoch voller Probleme sein.

Versuch's heute mal damit: Jedes Problem ist eine Einladung zum Gebet. Vielleicht hast du dich über jemanden geärgert. Sag's Gott! Er gebraucht deine Probleme, damit du in deiner Persönlichkeit weiterwächst.

Sprich mit Gott über deine Wünsche

Manchmal lasse ich das Beten weg, weil meine wahren Gedanken so ungeistlich sind.

1. Ich frage mich, ob meine Mannschaft aufsteigen wird.
2. Ich frage mich, ob ich zu dick geworden bin.
3. Ich frage mich, ob meine Freunde mich eigentlich als guten Gesprächspartner bezeichnen würden.

Beim Beten rede ich hingegen nur von den Sachen, von denen ich meine, dass sie mich interessieren *sollten*: der Weltfriede, ein Kranker in der Verwandtschaft und die Erderwärmung. Trotzdem wandern meine Gedanken immer zu den Sachen, die mir wirklich wichtig sind. Wenn ich möchte, dass mein Reden und mein Beten ineinanderfließen, geht das so: Ich muss das beten, was in mir ist und nicht das, was ich gern in mir hätte.

Shel Silverstein schrieb mal das „Gebet eines egoistischen Kindes":[10] „Müde bin ich geh zur Ruh, schließe beide Augen zu.

Und falls ich sterbe vor dem Morgen, soll kein Kind mein Spielzeug borgen. Herr, mach es alles kaputt. Amen."

Kleine Kinder kommen mit allen möglichen Bitten zu ihren Eltern: wunderbare, dumme, großherzige und auch egoistische. Am allerwichtigsten ist den Eltern dabei, dass die Kinder überhaupt zu ihnen kommen. Sie wissen, dass sie die Entwicklung der Kinder führen und lenken können – aber nur, wenn die Kinder offen mit ihnen reden. Es ist einfacher, ein egoistisches Herz zu verändern als ein unechtes Herz, das alles Mögliche vortäuscht.

Solange wir ungelöste Probleme, unerfüllte Wünsche und ein winziges Körnchen Glauben haben, erfüllen wir schon alle Voraussetzungen für ein lebendiges Gebetsleben.

Kapitel 11

» Versuchung: Lass dich nicht einfangen

Vor Kurzem waren meine Frau und ich zum ersten Mal beim Fliegenfischen. Unsere Lehrer erklärten uns: „Wenn du einen Fisch fangen willst, musst du wie ein Fisch denken." Sie erläuterten, dass es im Fischleben immer um maximale Erfüllung der Bedürfnisse bei minimalem Kraftaufwand geht. Die Fischdevise lautet: „Sehe Fliege, will Fliege, esse Fliege." Eine Regenbogenforelle denkt nie darüber nach, wohin ihr Leben führt. Ein Fisch ist einfach eine Ansammlung von Bedürfnissen. Ein Fisch besteht aus Magen, Maul und zwei Augen.

Während wir im Wasser standen, konnte ich kaum fassen, wie dumm die Fische wirklich sind. „Hey, Fisch! Schluck das mal. Es ist gar nicht echt; nur eine Attrappe. Du denkst, dass du Futter bekommst, ist es aber nicht. Ich lock dich in die Falle. Wenn du genau hingucken würdest, könntest du den Haken sehen. Du würdest wissen, dass es nicht mehr lang dauert, bevor du in den Fängen des Feindes bist, wenn du erst mal festhängst."

Man sollte meinen, Fische würden etwas dazulernen und den Haken erkennen oder die Leine entdecken. Man sollte meinen, Fische würden sich ihre vielen Fischfreunde anschauen, die zubeißen, aus dem Wasser fliegen und nie zurückkommen. Tun sie aber nicht. Total verrückt. Im Englischen nennt man den Fischschwarm auch „school", also „Fischschule", aber trotzdem lernen sie rein gar nichts dazu.

Bist du nicht auch froh, dass wir Menschen ein bisschen mehr Grips haben?

Moment – haben wir den überhaupt?

Versuchungen, man kann auch sagen, „Verlockungen", tun weh. Wenn wir ihnen nachgeben, tut es nicht äußerlich weh, sondern innerlich. Die Versuchung versucht unsere Begierde anzustacheln, damit sie sich über unsere tiefsten Werte hinwegsetzt. Die Versuchung schlägt dort zu, wo wir am verwundbarsten sind. Wenn wir jedoch in der Gegenwart Gottes leben wollen, geht es um mehr als bloß darum, Versuchungen aus dem Weg zu gehen. Denn die Versuchung schlägt auch dort zu, wo wir am meisten wachsen müssen. Wenn ich Geduld lernen muss, wird es ein paar schwierige Leute in meinem Leben geben, die mir helfen, Geduld zu lernen. Wenn meine Versuchung der Neid ist, kann die Person, auf die ich neidisch bin, mir helfen, Großherzigkeit zu lernen. Jede Versuchung, mit der ich konfrontiert bin, bietet mir die Möglichkeit, zu dem Ich, das ich werden möchte, hinzuwachsen.

Doch wie kann ich in der Gegenwart Gottes bleiben, wenn Versuchungen kommen?

Bitte um Hilfe

Nichts macht eine Versuchung so mächtig wie das Alleinsein. Aber die gute Nachricht: Wir müssen die Versuchung nicht allein bestehen. Paulus schreibt: „Die Proben, auf die euer Glaube bisher gestellt worden ist, sind über das gewöhnliche Maß noch nicht hinausgegangen. Aber Gott ist treu und wird nicht zulassen, dass die Prüfung über eure Kraft geht. Wenn er euch auf die Probe stellt, sorgt er auch dafür, dass ihr sie bestehen könnt" (1. Korinther 10,13). Im 1. Mose 39 steht, wie Josef vor einer Frau flüchtete, die nicht seine Ehefrau war. Damit ist im wahrsten Sinne des Wortes gemeint, dass er aus dem Zimmer rannte.

Trotzdem glaube ich, dass der beste Ausweg aus der Versuchung darin besteht, mit jemandem über unsere Versuchung und unsere Schwächen zu reden. Ein Freund von mir hat die Schwäche zu tratschen. Schon zu Beginn unserer Freundschaft hat er eines der ehrlichsten Geständnisse gemacht, die ich je gehört habe: „Wenn du was geheim halten willst, erzähl's mir lieber nicht. Ich schaffe es nämlich oft nicht, richtig dicht zu halten."

Seine Ehrlichkeit hat mich von den Socken gehauen. Und ich fand ihn dadurch kein bisschen abstoßend, im Gegenteil, ich fühlte mich zu ihm hingezogen. Wir redeten darüber, warum er so mit dem Tratschen zu kämpfen hatte, wann er sich damit Probleme einhandelte und wie er davon frei werden könnte. Und natürlich beteten wir auch zusammen. Mittlerweile gehört er zu den Freunden, denen ich meine allertiefsten Geheimnisse anvertraue.

Frage dich: „Wohin führt das?"

Wenn ich den Eindruck habe, auf einen falschen Weg zu geraten, fängt es meist damit an, dass ich mich innerlich vor Gottes Stimme verschließe. Dieses Verschließen sieht so aus, dass ich über den bestimmten Wunsch nicht mit vernünftigen Freunden rede, die wissen, was für mich gut ist. Ich verschließe mich, indem ich keine Bibelstellen zu dem Thema lese und nicht weiter darüber nachdenke. Ich verschließe mich, indem ich mir nicht überlege, was Gott zu meiner Situation sagen würde. All das hat mit der Warnung zu tun, die Paulus mal ausgesprochen hat: „Unterdrückt nicht das Wirken des Heiligen Geistes" (1. Thessalonicher 5,19). *Unterdrücken* meint hier *„auslöschen"* – wie beim Feuerlöscher.

Immer, wenn ich einen Wunsch habe, stupst Gottes Geist mich an, damit ich den Wunsch Gott erzähle und frage: „Herr, was soll ich damit machen?" Oder ich stelle mir selbst die Frage: „Wenn ich mich für diese Richtung entscheide, wo führt mich das auf lange Sicht hin? Hin zum dem Ich, das ich werden soll oder weg davon?"

Auf Gottes Antwort können wir uns immer verlassen, denn Gott wird uns nie so führen, dass aus einem Wunsch eine Sünde wird.

Frage dich: „Was sind meine tiefsten Werte?"

Der Kampf gegen die Versuchung ist eine lobenswerte Sache; aber wenn wir nur versuchen, unsere Wünsche zu unterdrücken, macht uns das mit der Zeit fertig. Wir brauchen stattdessen eine klare Vorstellung davon, welche Art von Mensch wir sein wollen und warum. Ich habe beispielsweise mal alle Gründe aufgeschrieben, warum ich mit meiner Sexualität gewissenhaft umgehen möchte, und was passieren würde, wenn ich es nicht täte: was ich damit meiner Frau antun würde, auf welche Weise es den Kindern schaden würde, welche Auswirkungen es auf meine Arbeit und meinen Dienst an anderen Menschen haben würde und wie schlimm es wäre, permanent von Schuld- und Versagensgefühlen gequält zu werden.

Hiob sagt es so: „Mit meinen Augen schloss ich den Vertrag, niemals ein Mädchen lüstern anzusehen" (Hiob 31,1). Wenn ich zum Beispiel am Strand bin und aus dem Augenwinkel ein hübsches Mädchen wahrnehme, was mache ich dann? Vielleicht würde mir ein Blick einen kleinen erotischen Kitzel geben, wenn ich zu ihr hinschaue. Aber weil ich an den Satz von Hiob denke, sage ich mir: *Ich muss ja gar nicht hinschauen. Ich schaffe es,* nicht *hinzugucken.* Mein nächster Gedanke ist dann: *Verrückt! Ich hätte gedacht, dass es doof ist, nicht hinzuschauen, weil ich dann keinen Kick bekomme. Aber stimmt gar nicht! Ich fühl mich gut! Ich hab mir eine Stärke bewiesen, mit der ich gar nicht gerechnet hätte! Ich kann frei sein. Diese Freiheit, die ich durch den Heiligen Geist habe, fühlt sich gut an.*

★ Echte Freiheit ist nicht die äußerliche Freiheit, alle Wünsche erfüllen zu können. Es ist die innere Freiheit, kein Sklave unserer Gelüste und Wünsche zu sein.

Die Versuchung gaukelt uns vor, wir hätten die Freiheit, unsere Gelüste und Wünsche so oft zu erfüllen, wie wir wollen. Sehe Fliege, will Fliege, esse Fliege. Die Versuchung gaukelt uns Freiheit vor, macht uns aber in Wahrheit zu Sklaven. Es gibt immer einen Haken an der Sache. Echte Freiheit ist nicht die äußerliche Freiheit, sich alle Wünsche erfüllen zu können. Es ist die innere Freiheit, kein Sklave unserer Gelüste und Wünsche zu sein. Wir sind eben mehr als nur Magen, Mund und zwei Augen!

Checke, ob deine Seele erfüllt oder zufrieden ist

Wenn wir Hunger haben, lacht uns auf der Speisekarte alles an. Genauso ist es, wenn unsere Seele unzufrieden ist: Dann lacht uns die Sünde an. Deshalb müssen wir auf den Grad der Zufriedenheit unserer Seele achten.

Am Armaturenbrett eines jeden Autos gibt es bestimmte Lämpchen, die uns zeigen, wie heiß der Motor ist oder wann der Tank leer ist. Im Englischen bezeichnet man sie als „Idiotenlämpchen" – vermutlich, weil nur ein Idiot sie ignorieren würde. Genauso zeigt das Hauptlämpchen am Armaturenbrett unseres Herzens an, wie hoch unsere Seelenzufriedenheit ist. Deshalb finden wir in der Bibel auch so viele Aufforderungen, uns zu freuen: „Die Freude am Herrn gibt euch Kraft!"(Nehemia 8,10; Hfa) und „Freut euch immerzu, mit der Freude, die vom Herrn kommt! Und noch einmal sage ich: Freut euch!" (Philipper 4,4).

Warum lassen sich intelligente Menschen immer wieder fangen wie eine Regenbogenforelle? Warum sind Leute mit hohem IQ so anfällig für Versuchungen, obwohl es offensichtliche Dummheiten sind? Wir werden versuchungsgefährdet, wenn wir mit unserem Leben unzufrieden sind. Je größer die Unzufriedenheit, desto größer unsere Gefährdung, denn unsere Seele ist dafür geschaffen, erfüllt zu werden. Ohne diese Erfüllung, ohne

Zufriedenheit können wir nicht leben. Wenn wir unsere Seelenzufriedenheit nicht in Gott finden, suchen wir sie woanders. Aus diesem Grund beginnt Jesus seine Bergpredigt (siehe Matthäus 5–7) nicht mit moralischen Regeln, sondern mit einer guten Nachricht, die unsere Seelenwünsche anspricht: *„Selig sind …"*, oder nach moderneren Übersetzungen (wie die Hoffnung-für-alle-Bibel oder die Gute-Nachricht-Bibel) *„Glücklich sind …"* oder „Freuen dürfen sich …".

Freuen dürfen sich *nicht* nur die Siegertypen, die in unserer Gesellschaft als glücklich bezeichnet werden. Freuen dürfen sich *nicht* nur die Supermodels, die Glamourösen und Berühmten, die sich glamouröse und berühmte Freunde oder Freundinnen anlachen können.

Freuen dürfen sich die Sorgenvollen. Die „Unnormalen". Diejenigen, die nie ins Kino eingeladen wurden, die beim Abiball nie zum Tanzen aufgefordert wurden.

Freuen, freuen, freuen. Freuen darfst du dich – nicht, weil du dir jede Lust erfüllen darfst, sondern weil du viel, viel mehr bist als eine Ansammlung von Begierden. Du hast einen Grund, dich zu freuen, weil du mehr bist als ein Magen, ein Mund und zwei Augen! Freuen darfst du dich, weil du dich in Wirklichkeit danach sehnst, von Gott geliebt zu werden und mit ihm online zu sein. Nun sagt Jesus, dass du diese Liebe, dieses Leben, diese Verbundenheit haben kannst, wenn du möchtest – durch ihn.

Willst du das?

Bleib nicht am Boden liegen!

Es ist keineswegs Zufall, dass der Teufel nicht nur „der Versucher", sondern auch „der Ankläger" genannt wird. Sobald der Teufel jemanden so weit gebracht hat, dass er der Versuchung nachgibt, treibt er sein Spielchen noch weiter und versucht uns weiszumachen, dass es keine Rettung mehr gibt, wenn wir erst mal auf die Versuchung reingefallen sind. Stimmt nicht!

Der Heilige Geist tut das absolute Gegenteil, er möchte uns immer „aus der Gewalt des Bösen retten" (nach Matthäus 6,13). Wenn wir einmal dem Bösen auf den Leim gegangen sind, dann führt uns der Heilige Geiste zur Vergebung, Erlösung und Heilung.

Einmal ging ich früh am Morgen zum Joggen an den Strand. Ich war ziemlich deprimiert, weil ich keinen Fortschritt in meinem Leben sah. Ich hatte den Eindruck, dass ich nun schon jahrelang mit demselben Egoismus und denselben Ängsten kämpfte. Weil es noch so früh war, hatte ich den ganzen Strand für mich. Doch dann sah ich plötzlich einen Mann auf mich zukommen – ein großer, alter Mann mit Glatze. Er trug eine halblange Badehose mit Blumenmuster und sein dicker Bauch hing über den Hosenbund. Er sah aus wie der Weihnachtsmann im Sommerurlaub.

Ich wollte ihm kurz freundlich zunicken, aber er hatte andere Pläne. Er schaute mir fest in die Augen, streckte seinen Arm ganz weit in meine Richtung aus und hielt schweigend seine riesige Hand in die Luft – er wollte unbedingt, dass ich in seine Hände klatschte! Dieser Mann war überzeugend! Also klatschte ich meine Hand in seine und er nickte mir zufrieden zu. Ich hatte das Gefühl, dass er damit sagen wollte: „Jetzt sind wir Kumpels. Es ist cool, dass wir zusammen an diesem Strand sind. Das ist ein toller Moment mit dir."

Im selben Augenblick hatte ich den Eindruck, dass jemand zu mir redete – ob das nun Gott war oder nicht, weiß nur Gott selbst: *Ich bin froh, dass du hier bist. Dein Leben ist mir nicht egal. Das hier ist ein kleines Bild von meiner Liebe und meiner Gnade. Sei nicht so deprimiert. Auch wenn du manchmal versagt hast, brauchst du nicht den Mut zu verlieren.*

Bis heute muss ich immer an Gott denken, wenn mir dieser Mann am Strand einfällt.

Wir dürfen uns freuen!

Kapitel **12**

» Was blockiert den Strom
bei dir?

In der amerikanischen Zeitung *USA Today* gab es mal eine Artikelreihe über die zehn schwierigsten Dinge im Sport[11]. Nummer fünf war, einen professionellen Tennisaufschlag anzunehmen. Nummer vier war, einen Golfball lang und gerade zu schlagen (obwohl er einfach auf dem Rasen liegt). Nummer drei war Stabhochsprung bei über 4,5 Metern. Nummer zwei war das Fahren eines Rennautos mit Höchstgeschwindigkeit, ohne dabei tödlich zu verunglücken. Aber die allerschwierigste Aufgabe im Sport? Einen professionell geworfenen Baseball zu treffen.

Vor ein paar Jahren lud ein Freund von mir, Ned Cornetti, der damals Vizepräsident der Baseballmannschaft *San Francisco Giants* war, mich ein, in einem Gottesdienst zu predigen. Als Belohnung bot er mir eine Stunde Schlagtraining mit dem Top-Trainer John Yandle an. Er würde den Ball werfen, ich sollte ihn schlagen. Ich betrachtete es als gute Gelegenheit, meine Sportlichkeit unter Beweis zu stellen.

Ich war nie in einer richtigen Baseballmannschaft gewesen, aber als Kinder hatten wir auf einem verlassenen Bauplatz oft Baseball gespielt. Damals hieß unser bester Werfer Steve Snail. In der fünften Klasse traf ich seine Würfe am besten von allen Nachbarskindern. (In der ganzen Nachbarschaft gab es nur ein weiteres Kind, und dieses Mädchen war in der ersten Klasse – aber trotzdem, ich war der Beste.)

Bei Snail war ich doch auch ganz gut, sagte ich mir. *Mal sehen, wie es jetzt klappt.*

Im Stadion in San Francisco stellte der Trainer John sich also auf das Schlagmal, holte aus und warf den Ball – und ich hörte den Ball nur noch hinter mir ins Netz schlagen.

Das hier sind keine Kinderübungen, dachte ich. *Er will testen, ob ich seine besten Würfe treffen kann.*

Wieder holte John aus. Beim zweiten Wurf war der Ball schon mehrere Sekunden lang hinter mir im Netz, bis ich meinen Schläger überhaupt nach vorn geschwungen hatte. Also begann ich früher zu schlagen, bis ich meinen Schlag ungefähr zeitgleich mit seinem Ausholen ansetzte. Ich traf mehrere Bälle, die jedoch im richtigen Spiel nicht gegolten hätten, und ein paar, die vorher schon auf dem Boden aufgekommen waren. Ich fühlte mich ziemlich gut.

Dann fragte er: „Sollen wir das Tempo mal ein bisschen anziehen?"

Da kapierte ich, dass diese Bälle doch seine Kinderübungen gewesen waren.

„Klar!", sagte ich. „Diese langsamen Bälle kann ich immer so schwer einschätzen."

Er holte aus. Ich sah den Ball nicht einmal mehr kommen.

Ich fragte ihn, ob das jetzt sein bester Wurf gewesen sei.

„Nein", sagte er. „Den willst du lieber gar nicht sehen."

„Wie gut muss ein Spieler sein, um diesen Ball vernünftig schlagen zu können?", erkundigte ich mich.

„Ein guter Highschoolspieler könnte das gut schaffen", meinte er.

An diesem Tag wurde mir klar, welch riesige Kluft zwischen Spielplatz-Baseball mit den Nachbarskindern und einem echten Oberligatalent in San Francisco liegt. Ich war mehr als nur „nicht gut" – ich kannte mich noch nicht einmal gut genug aus, um zu merken, wie „nicht gut" ich war.

Das kommt allerdings nicht nur im Sport vor. Wir können uns beispielsweise auch in punkto Intelligenz was vormachen.

Ich kann mich für ziemlich schlau halten, bis ich einen Artikel über einen Schüler lese, der in den USA alle Unizulassungsprüfungen absolviert hat und dabei keinen einzigen Fehler machte. Wir fühlen uns oft talentierter, als wir wirklich sind. Das ist so, wie wenn Taubstumme aus voller Kehle Karaoke singen und sich dabei großartig fühlen. Wir machen uns auch hin und wieder was vor, wenn es um unser Erscheinungsbild geht. Das ging einem Freund von mir so, der bereits Opa ist. Er stieg am Flughafen in die Zubringerbahn zum Terminal und bemerkte eine hübsche junge Frau, die in der Nähe saß. Sie lächelte ihn an und er dachte: *Na also, die Frauen finden mich noch immer toll.* „Entschuldigen Sie", sagte da die Frau. „Möchten Sie sich setzen? Ich stehe gern auf."

Aber am häufigsten passiert es im Bereich des Glaubenslebens, dass wir uns was vormachen. Wer von uns hat nicht schon mal darüber nachgedacht, wie unser Leben wohl am Ende bewertet werden würde? Nicht nach den Maßstäben einer Kindermannschaft, in der es immer einen Erstklässler gibt, den wir locker übertrumpfen können – sondern in den Augen eines heiligen, perfekten, gerechten Gottes? Deswegen geht die größte Gefahr in dieser Welt weder von Krankheiten noch von Unfällen oder politischen Krisen aus.

Die größte Gefahr ist die Sünde.

Das altmodisch klingende Wort „Sünde" wird heute nicht besonders ernst genommen. Neal Plantinga schreibt: „Heutzutage wird der Vorwurf ‚Du hast gesündigt' oft mit einem verschmitzten Grinsen und in einem Tonfall gesagt, der den Insiderwitz zu erkennen gibt."[12] Sünde ist eine Bezeichnung für coole Urlaubsorte (Las Vegas ist die „Stadt der Sünde") und gutes Essen (Schokolade ist „sündhaft gut") geworden.

Die Sünde ist jedoch die tödlichste Kraft, die man sich vorstellen kann, weil sie uns aus der Gegenwart Gottes herausreißt. Wir müssen diese Sache erkennen und verstehen, denn sie bedroht unsere Lebendigkeit. Schließlich kann nur die Sünde uns davon abhalten, zu der Person zu werden, die Gott sich ausgedacht hat.

Alle anderen Herausforderungen stürmen von außen auf uns ein. Doch die Sünde arbeitet in unserem Inneren. Sie drückt unserer Seele die Luft ab.

Deine Sünde ist eng verknüpft mit den Leidenschaften und der Denkweise, die Gott dir gegeben hat. Die Sünde sieht nicht bei allen Menschen gleich aus. Wie dein Fingerabdruck, deine Handschrift oder deine DNA hat bei dir auch die Sünde ihr ganz eigenes Muster.

Lieblingssünden

Was wir abstoßend finden, führt uns auch nicht in Versuchung. Die Versuchung probiert nur selten, uns zu etwas zu verleiten, was unseren Werten absolut entgegensteht. Sie setzt bei uns an einer ganz anderen Stelle an, nämlich bei den Leidenschaften und Wünschen, die Gott in uns hineingelegt hat. Dann versucht sie, uns an dieser Stelle ein paar Grad vom richtigen Kurs abzubringen. Diese minimale Abweichung reicht aus, um den Kontakt zu Gott zu unterbrechen. Darum müssen wir lernen, die Sündenmuster zu erkennen, die uns am leichtesten verführen.

Der Autor Michael Mangis hat den Begriff „Lieblingssünde" geprägt[13]. Nach seinem Konzept ist unser Leben von gewissen Strukturen, Beziehungen, Talenten und anderen Dingen bestimmt, die jeden von uns einzigartig machen. Das ist auch bei dir und deinem Leben so. Mein Fingerabdruck ist einzigartig und ein Experte könnte ihn erkennen; und so ähnlich ist es mit meiner Sünde. Bestimmte Verlockungen fordern mich besonders heraus und manche Sünden erscheinen mir attraktiver als andere. Selbst wenn sowohl du als auch ich sehr schnell Wutanfälle bekommen würden, hätten die Wutanfälle bei uns beiden ganz verschiedene Auslöser und würden sich auch völlig unterschiedlich ausdrücken. Anders gesagt: Wir sündigen nicht ziellos. Unsere Sünde schlägt vorhersehbare Wege ein. Jeder hat eine Art „Sündenprofil".

Leute, die mich gut kennen, können mein Sündenprofil relativ schnell erkennen. Manchmal kennen andere mein Sündenprofil sogar besser als ich selbst.

Beim Fußball schießen richtig gute Stürmer auch häufig neben das Tor. Das bringt diese Position in der Mannschaft einfach mit sich. Genauso sind unsere Begabungen und Leidenschaften auch häufig unsere Schwachstellen. Sehr gesellige Leute, die durchs Reden gute Laune verbreiten und andere Menschen oft aufbauen, sind vielleicht anfälliger fürs Tratschen und Lästern. Wer gerne lernt, spürt die Verlockung, überheblich zu werden und weniger gebildete Leute von oben herab zu behandeln. Wer spontan und begeisterungsfähig ist, muss aufpassen, dass er von seinen vielen Ideen am Ende nicht überfordert wird. Optimistische Typen tendieren dazu, Schwierigkeiten zu ignorieren. Sag mir deine Begabungen, dann sag ich dir, welchen Sünden du am ehesten auf den Leim gehst.

Michael Mangis unterscheidet zwischen neun Sündenmustern und verwendet dabei ein altes System, das als „Enneagramm" bekannt ist. Über dieses System wurde viel diskutiert, weil es von vielen Religionen verwendet wird, doch man kann es auf jeden Fall in einem christlichen Rahmen anwenden[14].

Diese neun Sündenmuster sind folgende:

Reformer lieben die Perfektion. Sie haben von Natur aus einen sehr hohen Leistungsanspruch, und ihre größte Angst ist, Fehler zu machen. (Sie sind auch gute Chirurgen und Top-Golfer.) Ihr Kampfgebiet ist der Perfektionismus und die Überheblichkeit. Sie stehen in der Gefahr, andere zu verurteilen, die nicht so hohe Maßstäbe haben.

Ein Freund aus Chicago, von Beruf chirurgischer Pathologe, passt genau in dieses Persönlichkeitsbild eines Reformers. Er war sehr charmant und Single, aber blieb nie lang in einer festen Beziehung, weil keine Freundin seine hohen Maßstäbe erfüllen konnte. Einmal fragte ich ihn auch, ob er denn einen Zusammenhang sähe zwischen seiner Unfähigkeit, eine Frau zum Heiraten zu finden, und seinem Beruf, in dem er totes Gewebe aufschneidet und unter ein Mikroskop legt, um zu untersuchen, was damit nicht stimmt. Reformer fordern uns dazu heraus, das Beste aus uns herauszuholen – aber oft ist es schwer, ihre Erwartungen zu erfüllen.

Helfer lieben es, wenn sie sich gebraucht fühlen. Sie sind von Natur aus fürsorglich und schütteln auch dann dein Kissen auf, wenn es gar nicht aufgeschüttelt werden muss. Sie vergessen nie einen Geburtstag und fangen als Erste mit dem Spülen an. Helfer mögen Positionen, in denen sie jemanden unterstützen. In einer Gruppe fühlen sie sich dann am wohlsten, wenn sie eine Aufgabe haben.

Sie helfen immer gerne, jedoch kann der Helferdrang manchmal auch das Ergebnis ihrer *eigenen* Bedürfnisse sein. Darum passiert es manchmal, dass sie den anderen mit ihrem Helferdrang auf die Nerven gehen. Unter der Hilfsbereitschaft verbirgt sich oft ein niedriges Selbstwertgefühl, das erfüllt und aufgebaut werden möchte, aber niemals satt wird.

Erfolgstypen lieben es, Herausforderungen zu bestehen und vor anderen aufzutreten. Im besten Fall haben sie das Ziel zu wachsen, sich anzustrengen und Neues zu lernen. Sie können andere begeistern und mitreißen und stehen normalerweise gern vor größeren Gruppen. Wenn sie ein Referat oder einen Vortrag halten sollen, bekommen sie es nicht mit der Angst zu tun, wie so viele andere Leute, sondern sind in ihrem Element. Wenn sie jedoch keine Gelegenheit haben, sich weiterzuentwickeln und zu brillieren, verlieren sie die Motivation. Erfolgstypen wollen erleben, dass sie auf der Welt etwas bewirken können.

Ihre Versuchung besteht darin, für ihr eigenes Image zu leben und ihre eigene Show zu vergöttern. Wenn sie nicht aufpassen, stehen sie in der Gefahr, ihren Erfolg daran zu messen, wie viel Lob und Anerkennung sie bekommen. Als Johannes der Täufer sagte: „Christus soll immer wichtiger werden, und ich will immer mehr in den Hintergrund treten" (Johannes 3,30; Hfa), thematisierte er damit genau dieses Zurückstecken, das einem Erfolgstypen so schwerfällt. Egoistische Erfolgstypen können vorgeben, Gott zu dienen, obwohl sie in Wahrheit alles für sich selbst tun.

Künstler lieben die Schönheit und haben den starken Wunsch, unverwechselbar zu sein. Sie drücken ihre Individualität gern in extremen Formen aus. Oft haben sie ein feines Gespür dafür, welchen Look sie darstellen wollen oder welche Lebensweise sie für sich entwerfen wollen. Manchmal können sie das noch nicht mal in Worten ausdrücken, sondern nur in ihrer Kunst, ihrer Musik oder ihren Aktivitäten.

Auf der einen Seite bringen sie Farbe und Flair in eine Welt, die ohne sie grau und eintönig wäre. Doch auf der anderen Seite kann ihre Sensibilität zu Gefühlsschwankungen führen und ihr ganzes Denken kann sich um den Drang nach Unverwechselbarkeit drehen. Ihre Versuchung ist eng mit dem Bedürfnis verknüpft, anders zu sein. Ihr Bedürfnis, etwas Besonderes zu sein und aus der Masse hervorzustechen, kann sie dazu verleiten, „normale Leute" von oben herab zu betrachten.

Denker wollen es wissen – und zwar *alles*. Im besten Fall sind sie die Forscher, Naturwissenschaftler und Erfinder unter uns. Sie lieben es, Dinge zu entdecken, die niemand anders je entdeckt hat, und ein Wissensgebiet, eine Fähigkeit oder ein Hobby zu beherrschen. Oftmals haben Denker-Typen unglaubliche Gedächtniskapazitäten für die Dinge, die sie interessieren, und viele von ihnen sind ziemlich introvertiert. Wenn du ein Denker bist, brauchst du wahrscheinlich viel Raum und Zeit für dich.

Einerseits lieben Denker das Wissen, andererseits kann das Wissen sie auch arrogant machen. Manchmal übergehen Denker ihre Mitmenschen nur deshalb, weil sie recht haben wollen. Denker wollen keine Diskussion verlieren und bilden sich vielleicht sogar ein, noch nie eine verloren zu haben. Sie werden nicht gern unterbrochen und können sich manchmal stunden- oder sogar tagelang zurückziehen. Das heißt noch lange nicht, dass sie geistlicher sind; sie haben einfach weniger Bedürfnis nach Gesellschaft. Es macht keinen Spaß, mit Denkern zu diskutieren – außer du bist selber einer!

Loyalisten sind von Natur aus Mannschaftsspieler. Sie brauchen einen guten Zweck, für den sie sich einsetzen können, und eine Gemeinschaft, an die sie glauben können. Im besten Fall helfen sie allen anderen, besser zu werden. Oft sind sie intelligent und können sich gut ausdrücken, aber sie melden sich nicht immer zu Wort. Wenn sie sich im Stich gelassen fühlen – was natürlich manchmal unvermeidbar ist –, können sie jedoch sehr pessimistisch werden. Sie stehen in der Gefahr, anderen die Verantwortung zuzuschieben.

Loyalisten haben den leisen Verdacht, dass Gott launisch, streng oder unfair ist; und ihre Lieblingssünde ist die Angst. Wenn Loyalisten emotional verletzt werden, stehen sie in der Versuchung, sich zurückzuziehen oder zu schmollen.

Optimisten sind fürs Partyleben wie geschaffen. Sie können das Leben aller Leute um sie herum aufheitern und verschönern. In ihrer perfekten Welt sind sie die Braut auf jeder Hochzeit (und die Leiche auf jeder Beerdigung). Optimisten sind oft begabte Geschichtenerzähler – manchmal reden sie auch viel über sich selbst. Wenn du mit ihnen über deine Probleme redest, hören sie dir vielleicht am Anfang zu, aber es bleibt offensichtlich nicht viel von dem hängen, was du erzählst.

Einmal war ich mit einem Freund im Restaurant und bei jeder Bestellung sagte die Kellnerin „wunderbar", oder „sehr gute Wahl" oder „köstlich". Schließlich fragten wir sie: „Sagen Sie auch manchmal ‚Was für eine dumme Wahl' oder ‚Das schmeckt eklig'?" Da fiel ihre Maske ab und sie antwortete: „Nein. Ehrlich gesagt haben wir in der Küche eine Liste mit positiven Bemerkungen, und bei jeder Bestellung sollen wir dem Gast eine dieser positiven Rückmeldungen geben."

Optimisten brauchen keine Liste mit positiven Rückmeldungen, denn sie sagen sowieso schon ständig „cool", „super", „wow", „genial" oder „wunderbar". Sie können jahrelang leben, ohne den Schmerz und die Dunkelheit in anderen Menschen oder sich selbst wahrzunehmen. Ihre Versuchung besteht darin, dass sich ihr Leben nur noch um die Suche nach guten Gefühlen dreht.

Denn sie werden ganz unglücklich, wenn sie das Gefühl haben, nicht genug Aufmerksamkeit zu bekommen.

Führer haben von Natur aus ein gutes Verständnis von Macht und Menschenführung. Sie wissen, wie das Leiten von Menschen funktioniert, und fühlen sich zu Führungsrollen hingezogen. Wenn du ein „Führertyp" bist, ist es dir sehr wichtig, stark zu sein. Du hast das Bedürfnis, andere anzuführen. Widerstand spornt dich an. Jedoch kann die Macht auch zum Selbstzweck werden, und es kann dich frustrieren, wenn nicht alles nach deinem Kopf geht. Vielleicht bekommen andere Angst vor dir, wenn sie anderer Meinung sind als du.

Als wir mit unserem Hund in die Hundeschule gingen, sagte unser Trainer: „Wenn du dem Hund einen Befehl erteilst, musst du immer über dem Hund sein. Geh nie in die Hocke, auf gleiche Augenhöhe. Du musst deine Macht aufbauen. Wenn der Hund rausgehen will und an der Tür kratzt, darfst du nie nachgeben und ihn rausgehen lassen. Lass den Hund erst noch ein Kunststückchen machen, bevor er raus darf."

Wenn du ein Führertyp bist, magst du es überhaupt nicht, angeleitet, belehrt, korrigiert oder geführt zu werden. Das kann natürlich manchmal zum Problem werden.

Friedensstifter lieben es, wenn sich alle gut verstehen; sie blühen auf, wenn das Leben ruhig ist. Rate mal, was ihr Lieblingsvers ist: „Wie wohltuend ist es, wie schön, wenn Brüder, die beieinander wohnen, sich auch gut verstehen!" (Psalm 133,2). Friedensstifter können Versöhnung schaffen in Familien, Schulen, unter Nachbarn und Arbeitskollegen.

Jedoch stehen Friedensstifter in der Gefahr, den Frieden um jeden Preis zu suchen. Dann passen sie sich mit ihrer sozialen Ader allen anderen an und vermeiden Konflikte oder Risiken jeder Art, weil sie so harmoniebedürftig sind. Sie leiden oft unter „unheilbarer" Freundlichkeit, auch wenn mal Mut und Konfrontation erforderlich wären. Ein Freund von mir ist ein solcher Typ. Jedes Mal, wenn beim Essen ein Konflikt ausbrach, stand er vom Tisch auf und brachte den Mülleimer nach draußen.

Reformer
Stärken: Hat innere Maßstäbe für das, was gut, angesehen und schön ist. Stachelt andere zu einem besseren Leben an.
Schwächen: Kann arrogant sein. Die eigenen hohen Maßstäbe können insgeheim zu Minderwertigkeitsgefühlen führen.
Beispiel: Der Prophet Amos, der ein Bleilot mit sich herumtrug, um den Israeliten die gesellschaftlichen Maßstäbe von Gott zu verdeutlichen.

Helfer
Stärken: Liebe zum Anfassen. Hat von Natur aus die anderen im Blick, sodass die Menschen sich umsorgt fühlen.
Schwächen: Kann das „Geben" benutzen, um andere zu manipulieren. Verwechselt manchmal Hilfsbereitschaft mit Angst oder einem geringen Selbstwertgefühl.
Beispiel: Martha, die fleißig für die anderen arbeitete, während ihre Schwester Maria Jesus zu Füßen saß.

Erfolgstyp
Stärken: Hat einen starken Wachstumsdrang. Leistet viel und bereichert seine Umgebung.
Schwächen: Seine Versuchung ist, sich nur um den eigenen Erfolg zu drehen. Benutzt manchmal andere, um Lob und Anerkennung zu bekommen.
Beispiel: Salomo, der nach Leistungen in den Bereichen Bildung, Finanzen, Kultur und Kunst strebte.

Künstler
Stärken: Liebt Schönheit und Gutes. Bereichert fantasievoll das Leben, die Liebe und den Glauben.
Schwächen: Das Streben nach Anderssein kann zum ultimativen Ziel werden. Die Verlockung ist, allen kreativen Ideen nachzugehen und ein Leben ohne Struktur und Ordnung zu führen.
Beispiel: König David, der als Dichter und Tänzer sehr begabt war und viele Psalmen schrieb.

Denker
Stärken: Ist ein Entdecker, Erfinder und liebt die Logik. Kämpft leidenschaftlich für die Wahrheit – nimmt dabei Opfer in Kauf.
Schwächen: Die Überzeugung, recht zu haben, kann zur Arroganz werden. Steht in der Gefahr, sich aus Beziehungen und Liebe zurückzuziehen.
Beispiel: Der Apostel Paulus, der leidenschaftlich gern studierte, argumentierte, untersuchte und lehrte.

Loyalist

Stärken: Ist treu und zuverlässig, selbst wenn alle Stricke reißen. Ist gern Teil eines großen Teams.

Schwächen: Neigt zu Zweifeln und spitzen, verletzenden Bemerkungen. Wenn er sich bedroht fühlt, drängt die Angst ihn in die Isolation.

Beispiel: Elisa, der ein zuverlässiger, standhafter Begleiter und Schützling des Propheten Elia wurde.

Optimist

Stärken: Kann vor Freude übersprudeln und Emotionen sehr stark ausdrücken. Seine Begeisterung ist ansteckend.

Schwächen: Kann das Bedürfnis haben, im Mittelpunkt stehen zu müssen. Möchte Schmerz vermeiden, was zur Realitätsflucht oder Sucht führen kann.

Beispiel: Der Apostel Petrus, der als Erster aus dem Boot sprang und Jesus entgegenlief, auch wenn er dann (kurzzeitig) unterging.

Führer

Stärken: Hat eine Leidenschaft für Gerechtigkeit und den Drang, große Sachen auf die Beine zu stellen. Seine Begabung zum Führen lockt andere aus sich heraus.

Schwächen: Von seinem Machthunger können sich andere ausgenutzt fühlen. Manchmal verwendet er Einschüchterung und Angst, um seinen Willen durchzusetzen.

Beispiel: Nehemia, der sich zum Handeln gezwungen fühlte, als er hörte, dass Jerusalem in Trümmern lag. Er scharte Mitstreiter um sich und trat seinen Gegnern in den Weg.

Friedensstifter

Stärken: Kann von Natur aus gut zuhören und weise Ratschläge geben. Ist in Beziehungen locker und unkompliziert.

Schwächen: Neigt dazu, Dinge unter den Teppich zu kehren und Konflikten aus dem Weg zu gehen. Ist passiv.

Beispiel: Abraham, der seine Frau, seinen Neffen Lot und sogar fremde Könige beschwichtigte. Selbst zwischen Gott und Sodom und Gomorra wollte er vermitteln.

- Welche Kategorie beschreibt dich am besten?
- Erzähle ein oder zwei Freunden davon und vergleiche, ob sie dich auch so einschätzen wie du – oder ganz anders.
- Was lernst du daraus über dein Sündenmuster und deine Versuchungen?

Um das Ich zu werden, als das Gott dich geschaffen hat, ist es total wichtig, das Grundmuster deiner Persönlichkeit zu erkennen und auch über das zugehörige Sündenmuster Bescheid zu wissen. Denn am verletzlichsten und am leichtesten verführbar bist du, wenn dir diese Selbsterkenntnis fehlt. Jesus warnte vor Leuten, die sich um den Splitter im Auge der anderen kümmern, jedoch den Balken im eigenen Auge nicht bemerken (siehe Lukas 6,41–42). Meine Lieblingssünde ist der Balken in meinem eigenen Auge – sie lacht mich so sehr an, dass sie meine größte Gefahr darstellt; sie ist mir innerlich so nah, dass ich sie vielleicht gar nicht wahrnehme.

Wenn mir meine eigene Lieblingssünde immer bewusster wird, wünsche ich mir manchmal, wie jemand anderes zu sein. Ich zum Beispiel falle in die Kategorie der Erfolgstypen. Daher denke ich manchmal, dass ich weniger sündigen würde, wenn ich ein Helfer wäre. Dabei hat man in jeder Kategorie mit Schwächen und Sünde zu kämpfen, nur eben auf unterschiedlichen „Kampfgebieten". Das Wissen, dass in jeder Kategorie Versuchungen versteckt sind, hilft mir, nicht so schnell jemanden zu beneiden, wenn es mir schlecht geht. Und es hilft mir auch, andere nicht so schnell zu verurteilen, wenn ich meiner Meinung nach gerade ganz gut abschneide.

Schließlich können wir auch mit anderen besser zusammenleben, wenn wir ihr Persönlichkeitsmuster kennen. Wenn wir uns mit den Mustern der anderen auseinandersetzen, werden wir geduldiger mit Leuten, die andere Lieblingssünden haben als wir. Wir können dazu beitragen, dass Helfer nicht immer auf der Helferschiene stecken bleiben; wir können Friedensstifter dazu ermutigen, sich ehrlich auszusprechen, wenn sie frustriert sind usw.

Wenn wir uns selbst und die anderen besser kennenlernen – und wenn wir echte Liebe im Herzen haben –, können wir zur besten Version unserer selbst werden: Gottes handsignierte Version von uns.

Dieses göttliche Unterschriftenkürzel würde uns doch allen total gut gefallen, nicht wahr?

Kapitel 13

» Spring wieder zurück in den Strom

Das einzige Augenpaar, in das du nicht direkt hineinschauen kannst, ist dein eigenes. Es gibt Körperteile an dir, die du nie ohne Spiegel, Kamera oder andere Hilfsmittel betrachten kannst.

Genauso ist es mit deiner Seele.

Einerseits kennst du dich besser als jeder andere Mensch der Welt. Du bist der einzige Mensch, der deine tiefsten Gedanken, Gefühle und Einstellungen kennt. Doch andererseits kennst du dich schlechter als jeder andere Mensch dich kennen kann, denn wir suchen immer nach Ausreden, rechtfertigen uns, spielen Sachen runter, vergessen und übertreiben – oft, ohne dass es uns überhaupt auffällt.

Es gibt ein Ich, das ich nicht sehen kann.

Ein tolles, aufrüttelndes Buch von Carol Tavris und Elliot Aronson trägt den Titel „Ich habe recht, auch wenn ich mich irre"[15]. Darin beschreiben die Autoren, mit welchen Tricks wir uns oft selbst betrügen. Zum Beispiel betrachten sich die meisten Lehrkräfte an Universitäten als überdurchschnittlich gute Lehrer und fast alle Oberstufenschüler schätzen ihre sozialen Fähigkeiten als überdurchschnittlich ein. Die meisten Leute, die nach einem *selbst* verschuldeten Verkehrsunfall ins Krankenhaus eingeliefert werden, betrachten sich als überdurchschnittlich gute Autofahrer. Und sogar wenn man Leuten dieses Konzept der „selbstdienlichen Wahrnehmung" erläutert, glauben die meisten noch immer, sie hätten die Sache mit der selbstdienlichen Wahrnehmung überdurchschnittlich gut im Griff!

Wenn ich bei dir schlechtes Verhalten bemerke, schreibe ich das deinem schlechten Charakter zu. Wenn ich dasselbe Verhalten bei mir sehe, schreibe ich es den besonders schwierigen Umständen zu. Wenn deine Eltern dich anschreien, sagst du wahrscheinlich, dass sie ein Problem mit Wutanfällen haben. Doch wenn du deine Eltern anschreist, hast du sofort eine Ausrede parat und sagst, dass sie dich einfach nicht verstehen.

Es gibt einen weiteren Fehler in unserem Denken, den man „Bestätigungsfehler" nennt. Er besagt, dass wir auf Experten hören, solange sie unsere Meinungen vertreten. Wenn hingegen Beweise auftauchen, die unserer Meinung widersprechen, schieben wir sie beiseite oder spielen sie runter.

Unser Gedächtnis ist nicht einfach nur falsch; vielmehr ist es genau so gefälscht, dass es unser Ego unterstützt. Die Menschen wissen noch, wie sie zu Wahlen gegangen sind, bei denen sie in Wirklichkeit gar nicht mitgewählt haben. Sie erinnern sich, Geld an Organisationen gespendet zu haben, an die sie nie gespendet haben. In der Erinnerung sind ihre Schulnoten besser als in Wirklichkeit. Das Buch „Egonomics"[16] berichtet von einer Umfrage, in der 83 Prozent der Befragten sich selbst so einschätzten, dass sie gute Entscheidungen treffen können, während nur 27 Prozent ihren engsten Kollegen und Mitarbeitern zutrauten, gute Entscheidungen zu treffen.

Wir alle betrachten uns in Zerrspiegeln, wie in einem Spiegelkabinett. Wer mich gut kennt, kann derartige Neigungen an mir leichter wahrnehmen als ich selbst. Aus diesem Grund sind wir oft schockiert, wenn jemand hinter unsere Fassade blickt und in die Seele hineinschaut. Dafür braucht man gar kein Genie zu sein. Vielmehr sitze ich einfach mitten in meinem toten Winkel.

Akzeptiere deinen eigenen toten Winkel

Ohne den Heiligen Geist in uns können wir unsere Sünde überhaupt nicht sehen. Hier kommt ein anschauliches Beispiel, wie das funktioniert. Als wir in Chicago wohnten, gab es in einer bestimmten Jahreszeit oft extrem viel Schnee. (Diese Jahreszeit fing im August an und endete im Juni. Zumindest gefühlt.) Im Kampf gegen die Schneemassen streuten die Räumfahrzeuge Unmengen an Salz auf die Straßen, das sich dann auch auf der Windschutzscheibe absetzte. Wenn man nachts im Dunkeln nur mit Scheinwerferlicht fährt, nimmt man den Schmutzfilm auf der Scheibe überhaupt nicht wahr. Aber dann geht die Sonne auf. Und da Sonnenlicht etwa 500.000-mal stärker als Mondlicht ist, wird nun all das Salz auf der Windschutzscheibe sichtbar. Plötzlich kann man durch die Scheibe gar nichts mehr sehen. Man kann keinen einzigen Meter mehr fahren. Dann hat man zwei Möglichkeiten: Die Windschutzscheibe putzen oder nur nachts fahren, das Licht meiden.

Das Licht ist in die Welt gekommen, aber die Menschen lieben die Finsternis mehr als das Licht. (Johannes 3,19; Hfa)

Lass den Geist deine Seele durchforschen

Die Wahrheit über mich selbst zu erkennen ist genauso schwierig, wie das Innere meiner eigenen Augäpfel zu sehen. „Doch wer weiß, wie oft er Schuld auf sich lädt? Strafe mich nicht, wenn ich es unwissend tat!", schreibt der Psalmist (Psalm 19,13). Zum Glück müssen wir nicht allein zur Erkenntnis kommen. Der Geist wirkt bereits in uns. Wir müssen nur gut hinhören und entsprechend handeln.

Einmal wurden Nancy und ich mitten in der Nacht von einem unglaublich lauten Piepton geweckt. Nancy stupste mich mit dem Ellenbogen an und fragte: „Was ist das für ein Geräusch?"

Ich wusste: Wenn ich zugab, das Geräusch ebenfalls zu hören, musste ich aufstehen und nachsehen. Darum gab ich zurück: „Welches Geräusch?" Jedoch musste ich sehr laut reden, damit sie mich bei dem ohrenbetäubenden Piepton überhaupt noch verstehen konnte.

Sie meinte: „Dieser ohrenbetäubende Piepton."

„Ach so, *das* meinst du. Okay, ich schau mal nach."

Ich ging in den Flur, entdeckte das Problem und stellte das Geräusch ab. Als ich wieder ins Bett kroch, fragte Nancy: „Und? Was war das?"

Ich sagte, es sei der Rauchmelder gewesen.

„Und warum hat er jetzt aufgehört zu piepen?"

Ich antwortete, ich hätte die Batterie rausgenommen.

„Das kannst du doch nicht machen!", erwiderte sie. „Vielleicht brennt es irgendwo im Haus."

„Nancy", erklärte ich geduldig. „Wir sind ganz oben. Hier ist kein Rauch, wir riechen nichts und von nirgendwoher kommt eine ungewöhnliche Hitze. Ich habe alles überprüft. Riechst du Rauch? Ich rieche keinen Rauch. Irgendwas hat mit der Batterie nicht gestimmt. Glaub mir. Ich hab alles im Griff."

Wir schliefen wieder ein.

Am nächsten Morgen hatte ich in aller Frühe zum Frühstück eine Besprechung. Während alle anderen noch schliefen, ging ich also die Treppe runter und verließ das Haus. Dabei fielen mir noch ein paar seltsame Defekte auf: Das Licht im unteren Flur ging nicht. Das Garagentor ging nicht automatisch auf. Das war merkwürdig, aber ich dachte nicht weiter darüber nach. Als ich dann vierzig Minuten später beim Frühstück saß, kam die Kellnerin auf mich zu, vergewisserte sich, ob ich John Ortberg sei.

„Ihre Frau hat angerufen", sagte sie. „Sie sollen bitte nach Hause kommen. Ihr Haus brennt."

Ich fuhr heim. Unsere ganze Straße (eine Sackgasse) war mit Feuerwehrautos zugeparkt. Ich sah, wie unser weißes Haus von außen braun wurde und dicke Rauchwolken über die Nachbarhäuser zogen.

Wie sich später zeigte, hatten ein paar rotzfreche Vögel ihr Nest in unseren Schornstein gebaut. Irgendwann hatte es angefangen zu schwelen und diesen ohrenbetäubenden Piepton hervorgerufen. Da wir nichts unternommen hatten (dieses „wir" ist meine Art der Ausrede – denn es sind zwar Fehler passiert, aber ich war's nicht), entstand hinter der Wand ein Brand, der unglaublichen Schaden anrichtete.

Alles wegen eines kleinen Vogelnestes.

Wegen eines kleinen, blöden Vogelnestes.

Wie dumm muss man sein, wenn man aus einem Rauchmelder einfach die Batterien rausnimmt, nur damit man bei einem Brand besser schlafen kann?!

So dumm war ich.

Der Rauchmelder war nicht mein Feind; mein Feind war das Feuer. Der Rauchmelder versuchte nur, mir zu helfen.

Hörst du irgendwelche Pieptöne in deiner Seele?

Sie können sich ungefähr so anhören: Du hast Probleme mit Freundschaften. Die Leute aus deiner bisherigen Clique distanzieren sich von dir und du fühlst dich missverstanden. Doch anstatt dir deine Beziehungen genauer anzusehen – anstatt mit den anderen mal drüber zu reden –, kommunizierst du jetzt hauptsächlich per SMS und du vergräbst dich in Hausaufgaben oder Hobbys oder hängst stundenlang vor der Glotze.

Oder du bekommst Gewissensbisse, während du eine Dokumentation über eine Hungersnot in Afrika siehst. Dir schießt der Gedanke durch den Kopf, wie wenig Geld du eigentlich spendest, um anderen zu helfen. Aber dieser unbequeme Gedanke gefällt dir gar nicht, darum lenkst du dich ab, indem du im Internet surfst.

Oder du schreist die Leute an, mit denen du am engsten zusammenlebst. Dein „Piepton" ist die Einsamkeit. Dann nimmst du die Batterien aus dem Rauchmelder, indem du dich in dein Zimmer einschließt und noch ein paar Videospiele machst. Dabei redest du dir ein, dass all deine Familienmitglieder total schwierige Menschen sind.

Mein Feind ist die Sünde, weil sie das Leben blockiert. Der Geist Gottes gibt uns oft ein Gefühl dafür, was schlecht war, was Sünde war. Und wenn er das tut, sollten wir unsere Schuldgefühle auf keinen Fall ersticken, sondern aus dem Bett springen, das ganze Haus genau ansehen und das Feuer löschen, bevor es größeren Schaden anrichtet.

Gewöhn dich nicht an den Piepton

Eine der herzzerreißendsten Aussagen in der Bibel finden wir in der Geschichte von Simson. Gott hatte ihn als Mann mit besonders großer Kraft und Stärke geschaffen. Jedoch war er Gott oft sehr ungehorsam und schloss ihn irgendwann komplett aus seinem Leben aus. Als er dann einmal in einer großen Krise steckte, erhob Simson sich, um seine Kraft zu gebrauchen, die Gott ihm geschenkt hatte. An der Stelle lesen wir: „Er wusste nicht, dass der Herr ihn verlassen hatte" (Richter 16,20). Simson hatte das Gespür für Gottes Gegenwart in seinem Leben verloren.

Gott wird uns helfen, die Wahrheit über unsere Seele zu erkennen, wenn wir geduldig, offen und ehrlich sind. Der Psalmist bittet Gott, seine Seele vollständig und mutig zu durchforsten, denn nur Gott kann uns genug Gnade, Kraft und Wahrheit geben, um unsere verschobene Sicht zurechtzurücken (siehe Psalm 139,23–24). Wenn ich das selbst mache, diskutiere ich bestimmte Sachen weg, erfinde Ausreden oder verteidige mich, indem ich „Böses gut und Gutes böse" nenne, um mit Jesajas Worten zu sprechen (Jesaja 5,20). Dennoch es ist möglich, unsere Gedanken und Reaktionen vom Geist leiten zu lassen.

Zu den wichtigsten biblischen Sinnbildern für Sünde gehört das Bild der Kleidung. Die Bibel spricht davon, Wut, giftige Worte, Aufbrausen, Gier, sexuelle Unreinheit etc. „auszuziehen". Und dann rät sie uns, die Eigenschaften „anzuziehen", die ein Leben in der Gegenwart des Heiligen Geistes mit sich bringt (schau nach in Epheser 4,22–32). Damit wir uns besser vorstellen können, was mit Sünde gemeint ist, erkläre ich das Ganze mal an dem Akrostichon* H.O.S.E. Die Eigenschaften, die wir „ausziehen" oder „ablegen" sollen, fallen hauptsächlich in die folgenden vier Kategorien:

H.O.S.E.

Hohn – Selbstgerechtigkeit und Verachtung gegenüber anderen

Ohnmacht – Unfähigkeit oder Weigerung, Gott zu vertrauen; Sünden, die mit Passivität und Ängstlichkeit zusammenhängen

Sucht – sehr schlechter Umgang mit Wünschen aller Art

Erbitterung – falscher Umgang mit Zorn und Bitterkeit

Jetzt wird's konkret: Schätze dich selbst ein und antworte mit A, B oder C:

„A" bedeutet, dass es gut läuft.
„B" bedeutet, dass sich weder was Gutes noch was Schlechtes entwickelt.
„C" bedeutet, dass ich an dieser Stelle aufpassen sollte.
Lass dich vom Geist führen und beraten, wenn du diese Fragen durchgehst.

Hohn
- Bist du in letzter Zeit weniger egoistisch?
- Wie oft machst du im Gespräch Bemerkungen über die positiven Eigenschaften anderer Leute, anstatt die Aufmerksamkeit auf dich zu lenken?
- Verbringst du jetzt mehr Zeit oder weniger Zeit damit, anderen zu helfen, als früher?

---

* Ein Akrostichon ist eine Form, bei der die Anfänge (Buchstaben bei Wortfolgen oder Wörter bei Versfolgen) hintereinander gelesen einen Sinn, beispielsweise einen Namen oder einen Satz, ergeben.

Ohnmacht
- Wie deprimiert bist du in letzter Zeit?
- Bringen deine Sorgen dich jetzt immer häufiger dazu, dass du betest?
- Hast du in letzter Zeit mehr Angst oder weniger Angst im Hinblick auf Schule, Freunde oder darauf, was die anderen von dir denken?
- Lässt du dich durch deine Ängste davon abhalten, Gottes Willen zu tun?

Sucht (und sehr schlechter Umgang mit Sehnsüchten und Wünschen)
- Wie steht es um deine Selbstbeherrschung – nimmt sie zu, nimmt sie ab oder bleibt sie unverändert?
- Lebst du dein Leben jetzt mit mehr Offenheit – das heißt, gibt es in deinem Leben weniger Verborgenes als früher?
- Hast du das Gefühl, dass die Sachen, die du dir wünschst und die du gern magst, immer mehr mit dem, was Gott für dich will, im Einklang sind?

Erbitterung
- Wie reizbar bist du in letzter Zeit?
- Bist du immer weniger verärgert?
- Sagst du verletzende Sachen zu anderen oder ziehst du dich innerlich zurück?
- Wie sieht es mit deinem Umgang mit Wut und Zorn aus? Bessert oder verschlechtert sich dein Verhalten oder bleibt alles unverändert?

Halt mal einen Augenblick inne. Musst du gerade an einen Menschen denken, mit dem du noch etwas bereinigen musst? Versuche, diese Beziehung wieder in Ordnung zu bringen.
Wie sicher warst du dir bei den Antworten? Oft müssen wir uns ein Stückchen weiterentwickeln, bevor Gott tiefere, verborgenere Schichten der Sünde ans Licht bringen kann. Wo hast du mit B oder C geantwortet? Gibt es etwas, für das du dich bei jemandem entschuldigen musst, eine Sache, die du klären musst? Such dir eine gute Freundin bzw. einen guten Freund und rede über das, was dir hier klar geworden ist.

Entdecke die „Überführung"

Wenn der Heilige Geist kommt, so sagte Jesus, wird er die Menschen der Sünde „überführen". Jedoch ist „Überführung" weder eine Brücke, noch geht es darum, „erwischt zu werden".

Kurz nachdem wir von Kalifornien nach Illinois gezogen waren, hatte ich eines Abends in der Gemeinde eine Predigt zu halten und fuhr anschließend wieder nach Hause. Die Strecke war nur zwei Kilometer lang, ich wurde jedoch prompt von der Polizei angehalten.

„Wissen Sie, warum wir Sie angehalten haben?", fragte der Polizist.

Ich hasse diese Frage.

„Sie haben an einem Stoppschild nicht richtig angehalten. Die Räder sind noch weitergerollt. Mir ist aufgefallen, dass Sie ein kalifornisches Nummernschild haben. Vielleicht ist es in Kalifornien ja okay, wenn man an einem Stoppschild weiterrollt. Aber wir sind hier in Illinois und in Illinois bedeutet ‚Stopp' auch wirklich ‚*Stopp*'."

Ich entschuldigte mich und erklärte, dass ich in Gedanken woanders gewesen sei, weil ich gerade aus der Kirche käme … Habe ich gesagt, dass ich in einer Kirche arbeite? Habe ich gesagt, dass ich für Gott arbeite?

Er antwortete, dass er mich gehen lassen würde, wenn ich eine Messe für ihn lese.

Manchmal werden Menschen ertappt, wenn sie etwas falsch machen, und es tut ihnen im Herzen weh. Dieser Schmerz bedeutet jedoch nicht unbedingt, dass man der Sünde überführt worden ist. Es kann auch ein Gefühl von Verlegenheit dahinterstecken, weil man ertappt worden ist.

Überführung ist etwas anderes als die Angst vor der Strafe. Überführung ist, wenn ich einen Blick auf das werfe, wozu ich fähig bin. Wenn ich zum Beispiel plötzlich anfange zu fragen: *Wie bin ich nur zu so einem Mensch geworden, der so was machen kann? Wie bin ich nur zu so einem Menschen geworden, der bei*

Prüfungen spickt? Wie bin ich nur zu so einem Mensch geworden, der lügt, um seinen Willen durchzusetzen? Wie bin ich nur zu einem Mensch geworden, der so feige ist?

Wenn Gott in mir am Werk ist, geht es bei meinem Schmerz nämlich nicht mehr um die Angst, dass andere etwas von der unangenehmen Sache mitkriegen könnten oder dass ich bestraft werde. Das sind bloß Äußerlichkeiten. Bei echter Überführung entsteht der Schmerz tief im Inneren – es geht darum, wer *ich bin*. Ich reagiere darauf, indem ich bete: *Gott, bitte schenk mir so viel Licht, wie ich aushalten kann. Reinige du meine Windschutzscheibe von den Sachen, die ich nicht abkriege.*

Reinige mich.

Die allerwichtigste Hoffnung

Wenn wir uns von der Sünde abwenden, tun wir das immer mit Hoffnung. Schuldgefühle sind wichtige Zwischenstopps auf der Reise, aber sie sollen nie die Endstation sein.

Die Abwendung von der Sünde ist ein Geschenk, das Gott uns gibt, weil *wir* es brauchen – nicht weil *er* es braucht. Diese Umkehr vergrößert nicht Gottes Wunsch, mit uns zusammen zu sein. Sie vergrößert unsere Fähigkeit, mit Gott zusammen zu sein.

Hast du schon mal ein Tier gesehen, das sich von der Sünde abgewendet hat?

Wir haben einen Hund und eine Katze. Unser Hund schläft jede Nacht in einer Hundehütte und bekommt jeden Abend vor dem Schlafengehen ein kleines Leckerli. Er wartet sehnsüchtig darauf. Er findet, dass er es verdient hat. Wenn ich nach 21 Uhr vom Stuhl oder der Couch aufstehe, dreht er vor Freude total durch. Er stellt sich vor die Tür des Schranks, in dem die Leckerli sind und verzieht sich erst wieder in seine Hütte, wenn er seinen Happen bekommen hat.

Doch manchmal macht der Hund etwas „Unartiges", du weißt schon. Wenn das passiert, und wir dahinterkommen, erwartet er kein Leckerli, sondern rennt von uns weg. Mehr noch: Er rennt von ganz allein in seine Hütte, ohne Leckerli. Er weiß, dass er unartig gewesen ist.

(Manchmal stellt auch die Katze etwas an. Aber meinst du, die Katze hat Schuldgefühle und kehrt um? Nein. Weißt du auch, warum? Katzen sind von Grund auf böse. Jemand hat mal gesagt, dass der Unterschied zwischen einer Katze und einem Hund darin besteht, dass der Hund ein Herrchen hat, während die Katze lauter Diener hat.)

Oft meinen wir, dass wir uns von unserer Sünde abwenden sollen, weil Gott sauer auf uns ist und Zeit braucht, um sich wieder zu beruhigen. Wir betrachten Buße, also unsere Umkehr, als eine Form der Selbstbestrafung, damit Gott vielleicht nicht ganz so streng mit uns sein muss. So ist Gott aber nicht!

Abkehr von der Sünde geschieht immer im Hinblick auf das wunderbare Versprechen, dass uns vergeben ist.

Können wir wirklich erwarten, verändert zu werden?

Manchmal befürchten die Leute, dass Gott von ihnen genervt ist, wenn sie sich nicht schnell genug verändern. Sie würden es vielleicht nicht so formulieren, aber im Grunde fragen sie sich: *Wie viel Sünde darf sich in meinem Leben ansammeln, bevor ich mir richtig Sorgen machen muss? Gibt es einen „Sündenpegel", der für einen Christen gerade noch durchgeht? Und in Gefahr ist man erst, wenn man die Grenze überschreitet – so wie ein Footballspieler sich erst nach einer bestimmten Anzahl an Gehirnerschütterungen Sorgen um seine grauen Zellen machen muss …? Darf man sich Christ nennen, ohne sich je zum Positiven zu verändern?*

Die Frage ist jedoch nicht, ob Gott irgendwann keine Lust mehr hat, unsere Sünden zu vergeben. Vergebung ist immer die richtige Reaktion, wenn jemand seine Sünden ernsthaft bereut. Gott macht sich keine Sorgen darüber, dass er ausgenutzt werden könnte. Gott hat keine Angst davor, dass irgendein Bösewicht seinen Charme einsetzt, um den Himmel auszutricksen.

Die Gefahr ist also nicht, dass Gott uns nicht antwortet, wenn wir unsere Schuld von Herzen bereuen. Die Gefahr ist vielmehr, dass die Sünde unsere Gedanken verdreht und wir uns so tief in diese verkorksten Gedanken verstricken, dass wir gar nicht mehr davon loskommen und sie nicht mehr bereuen können.

Aus diesem Grund müssen wir die Sünde so ernst nehmen. Paulus schrieb an die Gemeinde in Galatien: „Brüder und Schwestern, wenn einer von euch vom richtigen Weg abkommt, dann sollt ihr, die von Gottes Geist geleitet werden, ihn liebevoll wieder zurechtbringen. Seht aber zu, dass ihr dabei nicht selbst zu Fall kommt" (Galater 6,1; Hfa).

Wenn der Geist Gottes uns hilft, reden wir mit so jemandem nicht verurteilend, denn wir haben nie das Recht zu beurteilen, wie weit derjenige bereits im Glauben gewachsen ist. Der Missionar Frank Laubach[17] brachte die Gute Nachricht in den 1930er-Jahren zu einem Stamm, der bekannt für seine Gewalttätigkeit war. Der Häuptling war von Laubachs Predigt so angerührt, dass er sofort sein Herz für Jesus öffnete. Dann wandte er sich an den Missionar und drückte mit folgendem Ausspruch seine Dankbarkeit aus: „Das ist wunderbar! Wen soll ich jetzt für dich umbringen?" Das war der Ausgangspunkt des Häuptlings, von hier aus begann sein Glaubensweg.

Nur Gott weiß, von welchem Ausgangspunkt jeder Einzelne seinen Glaubensweg antritt.

Halt dich an der Hoffnung fest

Die größere Hoffnung, an der ich mich mitten in meiner Schuld festhalte, ist nicht meine Heldenhaftigkeit, sondern Gottes Güte.

Dieses Jahr machte eine unserer Töchter ihren Uniabschluss. Meine Frau hielt bei der großen Abschlussfeier eine Rede, daher trafen wir uns vor der Zeremonie in einer Gruppe von etwa 50 Leuten, die aus Lehrkräften, Absolventen und Organisatoren bestand. Auch ein paar Senioren waren dabei, die vor genau 50 Jahren an dieser Uni ihren Abschluss gemacht hatten und die mit den frischgebackenen Absolventen feiern wollten.

Irgendwann bat der Universitätspräsident Jon Wallace drei Absolventinnen in unsere Mitte und erklärte uns, dass sie nach ihrem Studium nun ein paar Jahre lang benachteiligten Menschen in armen Gebieten helfen wollten.

Die drei jungen Frauen erzählten in ein paar Worten, wo sie hingehen wollten und wie sie darauf gekommen waren. Wir applaudierten. Sie dachten, dass ihr Auftritt damit beendet sei. Doch dann drehte Herr Wallace uns den Rücken zu, sah die drei Absolventinnen eindringlich an und erklärte ihnen den wahren Grund, weshalb sie zu diesem Treffen eingeladen worden waren.

„Jemand, den ihr nicht kennt, hat von euren Vorhaben gehört", sagte Herr Wallace. „Er möchte, dass ihr den Leuten dort ungehindert helfen könnt. Darum hat er euch ein Geschenk gemacht. Er möchte anonym bleiben, aber ich sage euch, was er getan hat."

Herr Wallace wandte sich an die erste Studentin, die der Uni noch einen großen Batzen an Studiengebühren schuldete. Er schaute ihr in die Augen und sagte: „Dir sind die 105.000 Dollar Schulden erlassen."

Es dauerte einen Moment, bis sie begriff, was er da sagte. Die Studentin schüttelte zuerst den Kopf. Dann kapierte sie. Ihr kamen die Tränen. Was für eine völlig unerwartete Großzügigkeit! Ihr großer Schuldenberg war von einer Sekunde auf die andere aus dem Weg geräumt, und das durch jemanden, den sie nie gesehen hatte!

Herr Wallace wandte sich an die nächste Studentin, die ebenfalls noch Schulden bei der Uni hatte. „Dir sind die 70.000 Dollar Schulden erlassen."

Schließlich kam die dritte Studentin an die Reihe, die mittlerweile schon ahnte, was jetzt kam. Aber es schien, als könne sie es erst richtig glauben, wenn auch sie diese Worte wirklich hörte: „Dir sind die 130.000 Dollar Schulden erlassen."

Die drei jungen Frauen zitterten vor Erregung. Ihr Leben wurde in einem Augenblick umgekrempelt – durch das unglaublich großzügige Herz eines Menschen, den sie nicht kannten. Wir Zuschauer waren davon alle so bewegt, als hätten wir selbst Schulden erlassen bekommen. Kein Auge in dem Raum blieb trocken. (Und ich hätte so gerne gesagt: „Ich habe da eine Tochter, die dieses Wochenende auch ihren Abschluss feiert …")

Unbezahlbare Schulden. Ein unsichtbarer Geber. Ein unvergessliches Geschenk. Und die Freiheit der Schuldner, also der Studentinnen, wird zum Segen für die Welt.

Gnade.

Die Freude über die Vergebung.

Es gibt eine größere Schuld, die auf uns allen lastet. Wir haben dafür Bezeichnungen wie „Bedauern", „Schuldgefühle", „sich schämen" oder „innere Zerbrochenheit" – die Sünde. Doch Gott vergibt uns durch das, was Jesus am Kreuz für uns getan hat. Wir wissen, was kommt, aber jeder von uns muss dieses Wort trotzdem persönlich gesagt bekommen: Vergeben. Vergeben.

Dir ist vergeben.

Teil 5

» **Meine Beziehungen vertiefen**

Kapitel **14**

» Spring mit Gott ins kalte Wasser

Es gab mal eine Umfrage darüber, welches Zimmer in der Wohnung oder im Haus das Lieblingszimmer der Leute ist. An erster Stelle stand die Küche. Die Leute lieben die Küche. Teens nannten an erster Stelle ihr eigenes Zimmer – der Ort, an dem sie allein chillen können, fern von der ganzen verrückten Welt um sie herum. Und jetzt rate mal, was bei Müttern von kleinen Kindern an erster Stelle stand.

Das Badezimmer.

Warum? Es ist vielleicht der einzige Raum, in dem sie ein paar Minuten lang Ruhe vor ihren kleinen Rackern haben können (vorausgesetzt, die Tür ist abgeschlossen). Man braucht manchmal einen Ort, an dem man allein sein kann … ohne Stress. Man braucht eine Zufluchtsstätte – einen „heiligen" Ort.

Gott will uns einen heiligen Ort geben. Es ist fantastisch, wenn eine Gruppe von Leuten Gott ganz nah ist – aber es ist unglaublich kostbar, wenn wir allein sind und dabei Gott erleben.

Manchmal sollten wir ganz allein beten. Es ist zwar gut, mit anderen zusammen zu beten; aber wenn ich in großer Runde bete, beeinflusst die Tatsache, dass auch andere zuhören, meine Gebete. Wenn ich hingegen mit Gott allein bin, kann ich ganz natürlich sein. Ganz und gar *Ich*.

In der Zeit, als Jesus lebte, hatte kaum ein Haus ein abgetrenntes Schlafzimmer. Was meint Jesus dann mit „Zimmer", wenn er sagt: „Wenn du beten willst, dann geh in dein Zimmer, schließ die Tür zu und bete zu deinem Vater" (Matthäus 6,6)? Wahrscheinlich bezieht er sich auf einen Abstellraum, in dem Essen und Werkzeuge gelagert wurden und vielleicht ein paar kleine Tierchen wohnten. Vielleicht war das der einzige Raum mit Tür. Es war der bescheidenste Raum in einem bescheidenen Haus.

„Wenn du beten willst, dann geh in dein Zimmer, schließ die Tür zu und bete zu deinem Vater, der im Verborgenen ist. Dein Vater, der auch das Verborgene sieht, wird dich dafür belohnen." (Matthäus 6,6)

Was ist *dein* „Zimmer"?

Allein beten: Deine Seele ist allein mit Gott

Auch Jesus betete. Über die Taufe Jesu können wir nachlesen: „Während er betete, öffnete sich der Himmel. Der Heilige Geist kam sichtbar auf ihn herab" (Lukas 3,21–22). Der Strom des Heiligen Geistes ist also eng mit dem Gebet verbunden. Gleich nach seiner Taufe zog Jesus sich für vierzig Tage zurück, in denen er fastete und betete.

Jesus betete, wenn *sein Leben übervoll und anstrengend war.* Nachdem er seinen öffentlichen Dienst begonnen hatte, wurde es für ihn immer schwieriger, sich mal zurückzuziehen. „Darauf verbreitete sich die Nachricht von Jesus noch mehr. Scharenweise kamen die Menschen, um ihn zu hören und sich von ihren Krankheiten heilen zu lassen. Aber Jesus zog sich zurück und hielt sich in einsamen Gegenden auf, um zu beten" (Lukas 5,15–16).

Jesus betete, wenn er *wichtige Entscheidungen* treffen musste. Als er sich seine engsten Freunde aussuchte, bat Jesus seinen Vater um Führung. „Jesus ging auf einen Berg, um zu beten. Die ganze Nacht hindurch sprach er im Gebet mit Gott. Als es Tag wurde, rief er seine Jünger zu sich und wählte aus ihnen zwölf aus, die er auch Apostel nannte" (Lukas 6,12–13).

Jesus betete, wenn er *traurig war* oder *Angst hatte*. In der Zeit, in der Jesus den Menschen diente, wurde sein Cousin Johannes der Täufer verhaftet und schließlich hingerichtet: „Als Jesus das hörte, (…) fuhr er mit dem Boot an eine einsame Stelle", um mit dem Vater allein zu sein (Matthäus 14,13).

Jesus betete, wenn er *Kraft brauchte*. „Am nächsten Morgen verließ Jesus lange vor Sonnenaufgang die Stadt und zog sich an eine abgelegene Stelle zurück. Dort betete er." Als Simon Petrus ihn dort fand, sagte Jesus: „Wir wollen jetzt weitergehen, in die umliegenden Dörfer. Ich muss auch dort die Gute Nachricht verkünden, denn dazu bin ich gekommen" (Markus 1,35.38).

Jesus betete, wenn er sich *Sorgen um einen lieben Menschen machte*. Kurz vor seiner Hinrichtung wusste Jesus, dass seine Jünger versagen würden. Er sagte zu Simon Petrus: „Simon, Simon! Pass gut auf! Gott hat dem Satan erlaubt, euch auf die Probe zu stellen und die Spreu vom Weizen zu scheiden. Aber ich habe für dich gebetet, dass dein Glaube an mich nicht aufhört. Wenn du dann wieder zu mir zurückgefunden hast, musst du deine Brüder und Schwestern im Glauben an mich stärken!" (Lukas 22,31–32).

Jesus betete, wenn er vor einem *unüberwindbaren Problem* stand. „Jesus ging wie gewohnt zum Ölberg und seine Jünger folgten ihm. Als er dort war, sagte er zu ihnen: ‚Betet darum, dass ihr in der kommenden Prüfung nicht versagt.' Dann ging er allein weiter. Einen Steinwurf von ihnen entfernt kniete er nieder und betete: ‚Vater, wenn es dein Wille ist, dann erspare es mir, diesen Kelch trinken zu müssen. Aber dein Wille soll geschehen, nicht der meine'" (Lukas 22,39–42).

Wenn Jesus betete, ging die Post ab. Einmal nahm er Petrus, Jakobus und Johannes zum Beten mit auf einen Berg. Jetzt kommt's: „Während er betete, veränderte sich sein Gesicht und seine Kleider wurden leuchtend weiß" (Lukas 9,29).

Oft bekomme ich ein schlechtes Gewissen, wenn ich solche Beschreibungen von Jesu Gebeten lese – denn mir wird bewusst, wie weit ich von seinem Vorbild entfernt bin. Trotzdem glaube ich nicht, dass ein schlechtes Gewissen auf lange Sicht bessere Beter aus uns macht. Darum stelle ich jetzt mal eine Frage: Glaubst du, dass Jesus so viel gebetet hat, weil er selber beten *wollte*, oder weil er das Gefühl hatte, er *sollte* beten? Überraschung! Überraschung!

> Wenn du in punkto Beten jemals Gewissensbisse hattest, sollst du wissen, dass ein viel besserer Beter bereits in dir seine Arbeit tut. In der Bibel steht: „Der Heilige Geist hilft uns in unserer Schwäche. Denn wir wissen ja nicht einmal, worum oder wie wir beten sollen. Doch der Heilige Geist betet für uns mit einem Seufzen, das sich nicht in Worte fassen lässt. Und der Vater, der alle Herzen kennt, weiß, was der Geist sagt, denn der Geist bittet für die, die zu Gott gehören ..." (Römer 8,26–27; NL)

Ich glaube, Jesus *wollte* beten. Und wenn wir uns ebenfalls wünschen, viel oder tiefgründig zu beten, müssen wir unser Denken umkehren. Wir müssen aus dem *Sollen* ein *Wollen* machen. Leider klappt das nicht, wenn wir uns einfach vornehmen, mehr zu beten. Darum wollen wir alles „Sollen" mal einen Moment beiseitelegen. Wie können wir das Beten so angehen, dass wir wirklich beten *wollen*?

Vor fast zwanzig Jahren war ich total frustriert, weil ich so wenig betete. Deshalb suchte ich mir einen „Gebetscoach", der mir helfen sollte. Sein erster Ratschlag war, nach jeder Gebetszeit kurz zu notieren, was ich beim Beten erlebt hatte. Meine einzige und häufigste Gebetsnotiz war, dass ich mich total müde fühlte.

„Hast du Gott davon erzählt?", fragte mein Coach.

„Nein."

„Meinst du, es wäre vielleicht gut, mit ihm darüber zu reden?"

„Ja."

Nach und nach lernte ich, dass es nicht genug war, eine feste Zeit fürs Beten zu reservieren, sondern dass ich auch üben musste, vom Kopf her ganz da zu sein. Wir wissen alle, wie es sich anfühlt, mit einem Menschen zu reden, dessen Gedanken gerade sonst wo in der Weltgeschichte herumspazieren.

Mir wurde klar, dass Gott sich wahrscheinlich auch so fühlte, wenn ich betete. Ich strengte mich an, aber der Frust blieb. Irgendwann machte mein Coach den Vorschlag, allein nach draußen zu gehen und Jesus einfach nur zu bitten, mitzukommen.

Am nächsten Tag ging ich zum Strand, zog mir die Schuhe aus, fing an zu joggen und lud Jesus ein mitzukommen. Da machte ich eine sehr seltsame Entdeckung: Solange ich mir steif und fest vorgenommen hatte, mit Jesus zu reden, war es mir total schwergefallen. Aber jetzt, da ich Jesus einfach nur einladen musste, blieben meine Gedanken die ganze Zeit an ihm hängen. Ich dachte ununterbrochen daran, dass er bei mir ist. Ich wollte ihm die Pelikane und die Wellen zeigen. Bestimmte Leute und meine Sorgen schossen mir durch den Kopf, und ganz automatisch erzählte ich Jesus davon.

Alles war anders.

Der Körper betet mit

Die Körpersprache ist ein wichtiger Bestandteil der Kommunikation, deshalb können wir unseren Körper auch beim Beten ganz vielseitig einsetzen. Ich habe schon erwähnt, dass die Leute in der Bibel normalerweise mit offenen Augen gebetet haben.
Ein Freund von mir, der sich mit Kirchengeschichte auskennt, hat mal erklärt, dass es erst nach 1800 üblich wurde, mit geschlossenen Augen und gesenktem Kopf zu beten – und es kam hauptsächlich aus dem Kindergottesdienst, wo die Kinder mit dieser Gebetshaltung zur Ruhe kommen sollten. In der Bibel gibt es verschiedenste Berichte, in denen die Leute beim Beten stehen, sich hinknien, sich auf den Boden legen, sitzen, die Hände hochheben, ihr Gesicht dem Himmel zuwenden oder sich zur Erde beugen.

Du hast alle Freiheit, deinen Körper und deine Körperhaltung so ein-
zusetzen, dass du deine Gedanken und Gefühle leichter auf Gott ausrichten kannst:

- Wenn ich Gott ein Fehlverhalten bekenne, beuge ich oft den Kopf
  nach unten und knie mich hin. Dadurch wird mir bewusst, dass
  dies ein Moment der Demut für mich ist.
- Beim Lobpreis kann man sein Gesicht nach oben, zum Himmel
  richten.
- Wenn ich Gott um Führung bitte, drehe ich manchmal meine offenen Handflächen nach oben, um so auszudrücken: „Was du willst,
  Herr, will ich tun."
- Um Gott zu loben, singe ich oft Lobpreislieder. Das sind dann
  meine gesungenen Gebete zu Gott.

Wenn deine Gedanken abschweifen, kommt der Heilige Geist mit

Schweifen deine Gedanken beim Beten manchmal ab? Wenn das
so ist, kann es hilfreich für dich sein, am Anfang einer Gebetszeit
ein paar Mal tief durchzuatmen, um ein bisschen runterzukom-
men und dich zu konzentrieren. Trotzdem ist mir klar geworden,
dass mich meine abschweifenden Gedanken auch ins Gebet hi-
neinführen können.

Ich fang an zu beten und stelle mir plötzlich vor, wie ich bei irgendeiner Sache einen Riesenerfolg habe. Oder ich gehe im Kopf
noch mal ein Gespräch durch, das mich aufgeregt hat. Oder ich
versuche, eine Lösung für ein Problem zu finden, das mir gerade
Bauchschmerzen bereitet.

Früher habe ich solche Gedanken als Gebetshindernisse betrachtet, doch mittlerweile sind es für mich Gebete, die darauf
warten, vor Gott gebracht zu werden. Vielleicht schießen sie mir
gerade deshalb durch den Kopf, weil ich mich innerlich mit genau diesen Dingen beschäftige – und nicht, weil ich mich nicht
ordentlich konzentrieren kann. Anstatt diese Gedanken beiseite-

155

zuschieben, ist es besser, sie mit Gott zu besprechen. Und ratzfatz bin ich schon wieder mitten drin im „Gebetsfluss".

Lass dich von Gott freundlich anschauen

Hast du schon mal den Satz gehört „Der Herr blicke dich freundlich an" – oder nach einer älteren Bibelübersetzung: „Der Herr lasse sein Angesicht leuchten über dir"? Vielleicht mal am Ende eines Gottesdienstes? Und hast du schon mal darüber nachgedacht, was das bedeuten könnte? Gott schenkt uns ein geniales Bild davon, was im Gebet passieren kann. Dieses Bild finden wir, wenn wir uns ein Gespräch zwischen einem Kleinkind und seinen Eltern ansehen. Stell dir vor, dass ein Einjähriger dich anschaut und dich lange mit den Augen fixiert. Du bist begeistert – so ein süßes Kind! Zuerst benimmt sich der Kleine ziemlich schüchtern, dreht den Kopf immer wieder weg und schaut dich aus dem Augenwinkel an. Du ahmst ihn nach. Das ist lustig! Jetzt ist er schon viel zutraulicher und guckt dich interessiert an. Du bist stets das Spiegelbild seines Gesichtsausdrucks. Plötzlich ertönt hinter ihm ein unerwartetes Geräusch. Er reagiert erschrocken – und du ahmst seinen überraschten Blick nach. Er hat sich so sehr erschreckt, dass ihm fast die Tränen kommen, darum veränderst du deine Mimik und lächelst ihn an. Er lächelt zurück und schon bald gluckst er laut und fröhlich.

Es sieht wie ein Spiel aus, ist jedoch viel mehr als das. Wenn ein kleines Kind mit dir Augenkontakt herstellt, ist es, als ob eine feste Verbindung zwischen dir und ihm entsteht. Indem du dieses Spiel spielst, vermittelst du ihm durch deine Körpersprache sogar ein Gefühl von Geborgenheit. Aus diesem Grund gefällt ihm dieses Spiel. Niemand muss Kindern sagen, dass sie jetzt spielen „sollen". Kinder sind dafür einfach geschaffen. Sie lieben es.

Im Alten Testament beauftragte Gott Mose, den Israeliten folgenden Segensspruch weiterzugeben: „Der Herr segne dich und behüte dich; der Herr lasse sein Angesicht leuchten über dir …; der Herr hebe sein Angesicht über dich und gebe dir Frieden" (4. Mose 24–26; LU).

War es das, was Jesus beim Beten erlebte?

Das Gebet war für Jesus kein Krafträuber, sondern ein Energiepaket. Das kann auch für uns gelten: wenn wir erleben, dass Gottes Angesicht über uns leuchtet – dass Gott uns freundlich anblickt. Wenn jemand mich niedermacht und mit mir streiten will, kostet mich das Kraft. Wenn ich mit meinem besten Freund rede, bekomme ich hingegen Kraft. Gott will als bester Freund mit uns reden.

Gottes Geist berührt unseren Geist und bestätigt uns, wer wir wirklich sind. Wir wissen, wer er ist, und wir wissen, wer wir sind: Gottes eigene Kinder. (Römer 8,16; WD)

Mehr als irgendeine andere Aktivität bringt uns das Gebet in die Gegenwart des Heiligen Geistes. Beim Beten erkennen Menschen Gottes Führung, werden ermutigt, begreifen ihr Fehlverhalten, werden mit anderen Christen zusammengeführt. Sie erfahren, wie ihre Dickköpfigkeit und ihr Stolz dahinschmilzt, Böses besiegt und Krankheit geheilt wird. Sie erkennen, dass Gott sie tröstet, ihr Glaube erwacht, Hoffnung wächst und Liebe gewinnt.

Im Gebet – in Gottes Gegenwart – kommen wir dem Ziel sehr nahe, ganz wir selbst zu sein.

Kapitel 15

» Deine Beziehungen sollen dir Kraft geben

Am allermeisten prägen uns Menschen. Manche Leute helfen mir ganz automatisch, im Strom des Heiligen Geistes zu leben und unterstützen mich, zur besten Version meiner selbst zu werden. Sie sehen das Beste in mir, wenn ich es noch nicht erkennen kann. Sie feuern mich an, wenn ich mich in die richtige Richtung entwickle. Sie stellen sich quer, wenn ich in die falsche Richtung renne. Sie ermutigen mich, wenn ich am liebsten aufgeben würde.

Außerdem mag ich diese Leute einfach.

Die Kraft von Beziehungen

Was sich zwischen dir und einem anderen Menschen abspielt, ist nie eine *rein* menschliche Begegnung. Der Geist Gottes möchte nämlich jede Begegnung bereichern, die du mit einem Menschen hast. Die Bibel spricht an einigen Stellen von der „Gemeinschaft des Heiligen Geistes" (siehe z. B. in 2. Korinther 6,14; 13,14; Philipper 2,1 und 1. Johannes 1,6). Der Begriff „Gemeinschaft" ist so ein ausgelutschtes Wort unter uns Christen geworden, dass wir oftmals gleich an Gemeindefeste mit Eintopfsuppe und aufgesetzten Gesprächen denken müssen. Dabei bezeichnet dieser Begriff eigentlich den Strom von lebendigem Wasser, der zwischen zwei Personen fließt und ohne den wir nicht leben können.

Eine Akademikerzeitschrift zum Thema Glücksforschung („The Journal of Happiness Studies") veröffentlicht regelmäßig Untersuchungsergebnisse darüber, was den Menschen zu wahrem, echtem Leben führt. Dabei entdecken die Forscher immer wieder einen Faktor, der die richtig glücklichen Menschen von den weniger glücklichen unterscheidet. Dieser Faktor ist nicht das Geld, nicht die Gesundheit, die Schulnoten, die Attraktivität, der IQ oder die Sportlichkeit. Dieser Faktor ist die Frage, ob der Mensch liebevolle, tiefgehende, fröhliche, lebensverändernde und ernsthafte Beziehungen hat.

Zeit mit den Leuten zu verbringen, denen man wirklich etwas bedeutet, ist entscheidend für ein erfülltes Leben.

> Beziehungen zu haben ist nicht dasselbe, wie viele Leute zu kennen. Es gibt Leute, die in vielen Netzwerken viele Kontakte haben, ohne echte Freunde zu haben.

Wir sind ja als Bild Gottes geschaffen. Das beinhaltet unter anderem unsere Fähigkeit, Beziehungen aufzubauen. Denn nachdem Gott den Menschen geschaffen hatte, sagte er: „Es ist nicht gut, dass der Mensch so allein ist" (1. Mose 2,18). Paulus schreibt in einem seiner Briefe, wie tiefe Beziehungen funktionieren, indem er den Gemeindemitgliedern in Ephesus sagt, dass sie fest in seiner Liebe verwurzelt und auf sie gegründet sein sollen (siehe Epheser 3,17).

Wenn ein Baum in der Erde Wurzeln schlägt, können diese Wurzeln Nährstoffe und Wasser aufnehmen. Der Baum wächst, er bekommt Leben und Kraft – aber nur, wenn er verwurzelt ist. Genauso sind auch wir verwurzelt und unsere Seele wird von der Liebe Gottes und anderer Menschen ernährt. Das erleben wir sowohl körperlich als auch emotional, wenn wir in Beziehungen leben.

Du gehst den Flur entlang und jemand, den du kennst, lächelt dich an. Freunde kümmern sich um dich – durch Reden, durch Zuhören, durch gemeinsames Beten. Immer wenn Menschen wirklich aneinander interessiert sind und füreinander sorgen, bekommen die Wurzeln deiner Seele sozusagen Nahrung. Jedes Lebewesen braucht diese Art von Verbundenheit.

Wie notwendig ist diese Verbundenheit? Der britische Wissenschaftler Donald Winnicott[18] hat herausgefunden, dass kleine Kinder, die in der Nähe ihrer Mutter spielen, kreativer sind als Kinder, die weit von ihr entfernt spielen. Winnicott hat auch herausgefunden, dass kleine Kinder in ihrem engsten „Beziehungskreis" von Natur aus mehr Neugier und Abenteuerlust zeigen. Wenn sie sich in diesem „Beziehungskreis" aufhalten, sind sie risikobereiter. Lebhafter. Wenn sie hinfallen, stehen sie viel eher wieder auf. Sie lachen mehr als Kinder, die sich außerhalb dieses Kreises aufhalten.

Warum eigentlich? Die Mutter tut ja eigentlich gar nichts Konkretes für das Kind, was es nicht schon selbst könnte. Sie löst keine Probleme für das Kind und sagt ihm auch nicht, was und wie es spielen soll. Der Schlüssel ist die Anwesenheit der mütterlichen Liebe. In ihrer Nähe fühlt sich das Kind sicher und geborgen. Es wird ein bisschen mutiger und kreativer. Die Liebe setzt in dem Kind eine Lebensenergie frei, die sonst verborgen geblieben wäre.

Wenn du geliebt wirst, geht es nicht nur darum, vom anderen etwas zu bekommen. Sondern du wirst auch mehr du selbst. Einzigartig. Die Liebe gibt dir die Kraft, so zu sein, wie du werden sollst. Wer liebt, wird damit also buchstäblich zu einem Lebensspender. Das sind wirklich gute Beziehungen.

Je älter das Kind wird und je mehr Dinge es tun kann, desto größer wird sein Beziehungskreis. Mit einem Jahr

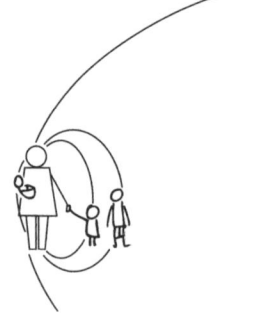

möchten Kinder vielleicht höchstens ein paar Zentimeter von ihrer Mutter getrennt werden. Mit zwei können sie schon ein paar Meter Abstand verkraften und sich trotzdem noch im Kreis befinden. Mit drei Jahren ist der Kreis vielleicht so groß wie ein Haus.

Und wenn sie 15 sind – wie weit möchten sie dann wohl von der Mutter entfernt sein? Jetzt hat der Kreis vielleicht ungefähr die Größe unseres Sonnensystems. Jetzt würden sie am liebsten in der Umlaufbahn des Halley'schen Kometen leben.

Das echte Leben werden wir dann haben, wenn wir mit Gott und mit Menschen verbunden sind. Wenn wir nicht auf diese Weise mit ihm und anderen verbunden sind, werden wir schwächer. Isolierte Menschen sind anfälliger für Depressionen, Sorgen, Einsamkeit, Minderwertigkeitsgefühle, Alkohol- und Drogenmissbrauch, sexuelle Abhängigkeiten sowie Ess- und Schlafprobleme.

Isolation kann sich sehr stark auf den Körper auswirken und zerstörerisch sein. Selbst Tiere, die isoliert leben, haben mehr körperliche Probleme als Tiere, die nicht isoliert sind. Ein Freund von mir hatte einen Hund und eine Katze. Zehn Jahre lang gab es täglich Kämpfe zwischen dem Hund und der Katze. Dann starb eines Tages die Katze und man sollte meinen, der Hund sei nun froh gewesen. Das war er jedoch nicht. Er verweigerte sein Essen. Tagelang wollte er keinen Bissen zu sich nehmen, bis er sechs Wochen später ebenfalls starb. So stark ist die Verbundenheit.

Bei Leuten, die nicht in sozialer Verbundenheit mit anderen leben, ist die Wahrscheinlichkeit, an irgendeiner Krankheit zu sterben, 2- bis 5-mal höher als bei Leuten, die in enger Verbundenheit mit Familie, Freunden und anderen Bezugspersonen leben. Was noch unglaublicher ist: Leute, die zwar gesundheitsschädliche Angewohnheiten haben (z. B. Rauchen, Esssucht und Bewegungsmangel), aber in einem engmaschigen Beziehungsnetz leben, leben länger als Leute, die zwar einen äußerst gesunden Lebensstil haben, jedoch isoliert von anderen sind.

Der Jünger Johannes sagt: „Wer dagegen nicht liebt, bleibt im Tod" (1. Johannes 3,14). Wenn wir isoliert leben, geben wir bei Versuchungen und Entmutigungen viel schneller nach. Wir neigen dazu, egoistisch zu werden. Nun leiden nicht nur *wir* an der mangelnden Verbundenheit – sondern auch die anderen, die Gott um uns herum gestellt hat, werden um die Liebe betrogen, die wir ihnen eigentlich hätten geben sollen.

Wer andere Menschen meidet, denkt nur an sich und seine Wünsche; heftig wehrt er sich gegen alles, was ihn zur Einsicht bringen soll. (Sprüche 18,1; Hfa)

Wir wurden dazu geschaffen, in Beziehungen mit anderen ein Leben zu führen, das Erfüllung bringt. Das bedeutet jedoch nicht, dass wir alle extrovertierter werden müssen. Ich kenne total schüchterne Leute, die supertiefe Freundschaften pflegen. Trotzdem bedeutet dieses erfüllte Leben, dass wir in unseren Beziehungen erfahren: Wir müssen die Leute in unserem Umfeld, die uns Kraft geben, erkennen. Dann müssen wir lernen, wie auch wir für andere eine Kraftquelle sein können. Diese Beziehungen sollten wir dann gut pflegen.

Okay, jetzt lass uns ein paar Päckchen öffnen und uns die Geschenke ansehen, die tiefe Beziehungen mit sich bringen:

Geschenk Nr. 1:
Jemandem eine Freude machen

Liebe ist meist etwas, das man tut – nicht etwas, das man fühlt. Ein Kennzeichen von echten Beziehungen ist, dass man einander hilft und einander eine Freude macht. Paulus schreibt: „Gott hat euch zur Freiheit berufen, meine Brüder und Schwestern! Aber missbraucht eure Freiheit nicht als Freibrief zur Befriedigung eurer selbstsüchtigen Wünsche, sondern dient einander in Liebe" (Galater 5,13). Denn das Reich Gottes erkennen wir daran, dass Leute einander dienen.

Der Sohn denkt an den Geburtstag seiner Mutter und schreibt eine Karte. Er schreibt ihr, wie dankbar er für sie ist. Ein Freund erwähnt ein Videospiel, das er cool findet, und sein Freund merkt sich das, stöbert ein Exemplar davon auf und schenkt es ihm. (Warum? Einfach so.) Einem jungen Kerl fällt auf, dass der Rasen eines älteren Nachbarn mal wieder gemäht werden müsste. Er trommelt ein paar Kumpels zusammen und bringt den Garten des Nachbarn auf Vordermann – kostenlos. Leute in einer Kleingruppe posten die Woche über regelmäßig bei Facebook, um zu zeigen, dass sie an die anderen denken.

Ein kluger Mann hat mal gesagt, so wie die drei Gesetze der Immobiliensuche „Standort, Standort, Standort" heißen, so lauten die drei Gesetze der Beziehungspflege „Aufmerksamkeit, Aufmerksamkeit, Aufmerksamkeit". Leute, die uns Kraft geben, sind Leute, die uns wirklich wahrnehmen. Sie erkennen, was wir mögen und wovor wir uns fürchten. Wenn wir daran arbeiten, jemanden so richtig wahrzunehmen, entsteht in uns eine Liebe für diesen Menschen. Wenn wir daran arbeiten, jemanden so richtig wahrzunehmen, wächst auch in unserer Seele echtes Leben.

Mutter Teresa sagte immer: „Wenn du keine großen Dinge tun kannst, dann tu kleine Dinge mit großer Liebe. Wenn du sie nicht mit großer Liebe tun kannst, tu sie mit ein bisschen Liebe. Wenn du sie nicht mit ein bisschen Liebe tun kannst, tu sie trotzdem."

Liebe wächst, wenn Menschen einander dienen – wenn sie einander helfen und einander eine Freude machen.

Geschenk Nr. 2: Verbindlichkeit

Zu den Kennzeichen der ersten Christen gehörte ihre Verbindlichkeit in den Beziehungen – denn sie wussten, dass tiefe Beziehungen nicht von allein entstehen. Sie trafen sich jeden Tag. Sie aßen zusammen, waren fröhlich und ehrlich. Doch mit der Zeit verblasste dieses Ideal. Darum schreibt der Autor des Hebräerbriefs: „Und wir wollen aufeinander achtgeben und uns gegenseitig zur Liebe und zu guten Taten anspornen. Einige haben sich angewöhnt, den Gemeindeversammlungen fernzubleiben. Das ist nicht gut; vielmehr sollt ihr einander Mut machen" (Hebräer 10,24–25). Mit anderen Worten: Bleibt verbindlich in der Gemeinschaft.

Ich habe noch niemanden kennengelernt, der nicht zur Liebe fähig war und doch das Leben meisterte. Ich habe aber auch noch nie einen Meister in Sachen Liebe kennengelernt, der am Leben scheiterte. Um zu leben, brauchen wir die Liebe.

Von dem Schriftsteller Robert Putnam[19] stammt folgende ziemlich krasse Aussage: „Als grobe Faustregel gilt: Wenn du in keiner Gruppe bist, dich aber entscheidest, einer Gruppe beizutreten, verringert sich die Wahrscheinlichkeit, dass du im Laufe des darauffolgenden Jahres stirbst, um die *Hälfte*." Es gibt wohl kaum jemanden, der nicht sein Sterberisiko um die Hälfte verkleinern möchte. Darum heißt in der Gemeinde, in der ich arbeite, das neue Kleingruppen-Motto: *Komm in eine Gruppe oder stirb.*

Im Sport ist es ja oft so: Je nötiger es die Sportler haben, von den Fans angefeuert zu werden, desto weniger Fanunterstützung erhalten sie. Wenn ein unkonzentrierter Biathlet das Staffelholz übernimmt und die Mannschaft sowieso schon weit hinten liegt, denken die Fans wohl kaum daran, sie zu guten Leistungen anzuspornen. Viel zu oft bekommen die Leute, die am meisten angefeuert werden müssten, die wenigsten Anfeuerungsrufe zu hören.

An jedem Tag ist jeder Mensch, den du kennst, mit einem Leben konfrontiert, bei dem die Ewigkeit auf dem Spiel steht, und das Leben kann einen ganz schön runterziehen. Jeder Mensch braucht eine jubelnde Fankurve. Jeder Mensch braucht eine starke Schulter, an die er sich manchmal anlehnen kann. Jeder Mensch braucht Gebet. Jeder Mensch braucht manchmal eine Umarmung.

Jeder Mensch braucht eine Stimme, die ihm zuflüstert: „Gib nicht auf."

Geschenk Nr. 3: Liebe

Die allertiefsten Worte, die unsere Seele ausdrücken kann, sind unglaublich simpel: „Ich liebe dich."

Ich weiß, dass diese Worte in manchen Familien nur selten ausgesprochen werden. Ich habe selbst drei Kinder und ich liebe es, ihnen zu sagen, dass ich sie lieb habe. Nicht nur, wenn sie etwas getan haben, worauf ich stolz bin, sondern auch, wenn sie Mist gebaut haben. Wenn sie deprimiert sind. Wenn sie sich einsam fühlen. „Ich bin bei dir. Du bist mir wichtig. Du bist nicht allein."

„Bleibt keinem etwas schuldig! Eine Verpflichtung allerdings könnt ihr nie ein für alle Mal erfüllen: eure Liebe untereinander. Nur wer seine Mitmenschen liebt, der hat Gottes Gesetz erfüllt." (Römer 13,8; Hfa)

Meine Mutter hatte immer zwei Sprüche parat, wenn sie sich um uns Sorgen machte. Der eine war: „Ich dachte, du liegst irgendwo tot im Graben." (Man sollte meinen, „tot" ist schon schlimm genug. Aber es hieß nicht nur „tot" – es hieß „tot im Graben". Man hätte auch irgendwo auf einer hübschen Wiese tot sein können. Das wäre wahrscheinlich nicht ganz so schlimm gewesen. Aber tot im Graben? Wie schrecklich!)

Der andere Spruch war: „Ich hatte befürchtet, jemand hat dir auf den Kopf geschlagen!" (Nicht nur „geschlagen" – das wäre schon schlimm genug. Aber „auf den Kopf geschlagen", wie schrecklich! Denn der Kopf ist ja so verletzlich.)

Und wenn sie oberbesorgt war, kombinierte sie die beiden Sprüche: „Ich hatte befürchtet, jemand hat dir auf den Kopf geschlagen und du liegst irgendwo tot im Graben." Das war ihre Art zu sagen: „Ich hab dich lieb. Ich bin bei dir."

Vielleicht gibt es jemanden in deinem Leben, der von dir einen liebevollen Blick in die Augen bräuchte, und zu dem du sagen solltest: „Ich bin bei dir." Der Geist Gottes wirkt die ganze Zeit in uns und spornt uns zu solchen Liebestaten an. Und jeder Augenblick im Leben ist für uns eine Gelegenheit für eine liebevolle Tat.

Geschenk Nr. 4: Dazugehören

Wenn ich geliebt bin, gehöre ich zu jemandem und der andere gehört zu mir. Deswegen kann man die anderen Mitglieder in der Gemeinde von Jesus auch „Bruder" beziehungsweise „Schwester" nennen.

Aus diesem Grund spielen unser Zuhause und unsere Familie eine so wichtige Rolle in unserem Leben – auch wenn die Leute, die dazugehören, uns manchmal ganz schön nerven. Und aus demselben Grund tut es so sehr weh, wenn irgendwas zu Hause nicht stimmt – entweder wegen Scheidung der Eltern, Streit, Stress oder Kummer.

Die Familie war Gottes Idee. Das ist sein Geschenk an uns.

Eines Tages sagte Gott zu den Engeln: „Ich habe eine Idee. Ich werde eine Familie erschaffen."

„Eine Familie?", fragte ein Engel. „Was ist das?"

„Ich bin total begeistert von der Idee", antwortete Gott. „Natürlich bin ich von all meinen Ideen begeistert. Das Geniale ist nämlich, wenn man Gott ist, hat man nie eine schlechte Idee – aber diese Idee ist wirklich besonders gut. *Familie* soll der Weg sein, wie ich Menschen in Liebe miteinander verbinden will. Es soll so funktionieren: Erwachsene melden sich freiwillig, um sich um ein kleines, fremdes Menschlein zu kümmern."

„Kriegen sie Geld dafür?", erkundigte sich der Engel.

„Nein, im Gegenteil. Das fremde Menschlein wird sie sogar sehr viel Geld kosten. Und nicht nur das: Am Anfang kann das fremde Menschlein noch nicht einmal sprechen. Es kann nur weinen und schreien und die Erwachsenen müssen raten, was es hat. Es klaut ihnen den Schlaf. Es macht überall Sauerei und sie müssen ständig alles wegwischen. Es ist komplett hilflos. Stell dir vor, sie müssen dieses fremde Menschlein 24 Stunden am Tag, sieben Tage die Woche betreuen. Wenn es zwei Jahre alt wird, kann das kleine Menschlein schon Sachen sagen wie ‚nein' und ‚meins' und regelmäßig Trotzanfälle kriegen.

Außerdem denke ich drüber nach, dass ich noch die Pubertät erfinden könnte. Da bin ich mir noch nicht so ganz sicher. Aber wenn ja, wird es so, dass die größer gewordenen Menschlein so Sachen kriegen, die ‚Hormone' genannt werden. Dann spielen sie verrückt. Mit ihrem Körper passieren komische Sachen. Sie bekommen Pickel, die Stimme bricht und wenn sie an das andere Geschlecht denken, wird ihnen heiß und kalt.

Dann werden sie erwachsen und genau zu dem Zeitpunkt, wenn sie reif sind, wenn sie hübsch und interessant sind und mit anpacken können – dann ziehen sie aus. Das ist meine Idee. Was meint ihr dazu?"

Die Engel drucksten herum und starrten auf den Boden. *Wer sagt es ihm jetzt?*, dachte jeder. Schließlich fragte ein Engel: „Herr, wer soll sich denn für so was freiwillig melden? Warum sollen sie da mitspielen?"

Nun wurde Gott so richtig von der Begeisterung gepackt. „Sie wissen noch nicht mal, warum. Sie schauen sich nur den kleinen Körper an, die kleinen Hände und Füße und schon finden sie dieses fremde Menschlein unglaublich schön, obwohl es aussieht wie jedes andere Baby auch – ein bisschen schrumpelig und rot im Gesicht. Dann huscht eines Tages das erste Lächeln über das Gesicht des kleinen Menschleins und sie fühlen sich, als hätten sie im Lotto gewonnen. Das fremde Menschlein sagt irgendwann ‚Baba' und ‚Mama'. Dann öffnen sich die kleinen Hände, und die Arme strecken sich aus, um sich an den Hals eines Erwachsenen zu klammern. In dem Augenblick versteht der Erwachsene zum ersten Mal, wozu Arme und Hände geschaffen wurden.

Die ganze Zeit geht es um Gnade.

Die kleinen Menschlein erleben, dass sie wertvoll sind und dazugehören, noch bevor sie eine einzige Leistung gebracht haben. Die ältere Generation lernt, dass sie letzten Endes viel bekommt, indem sie weggibt. Wenn sie am meisten weggeben, empfangen sie auch am meisten.

Und eines Tages werde ich ihnen erzählen: ‚Ihr lieben Menschen, ich bin euer Vater. Ihr seid meine Töchter und Söhne.'

In dem Moment werden sie es richtig kapieren."

Fragebogen zum Thema tiefe Freundschaften

Wenn etwas schiefläuft, habe ich dann mindestens einen Freund/eine Freundin, an den/die ich mich unkompliziert und ehrlich wenden kann?

Ja   Nein

Habe ich einen Freund/eine Freundin, zu dem/der ich nach Hause kommen kann, falls ich mal eine Pause von meinem Zuhause brauche?

Ja   Nein

Gibt es jemanden, der meine größten Ängste und Verlockungen kennt?

Ja   Nein

Kenne ich die größten Ängste und Verlockungen von einem Freund/
einer Freundin oder mehreren?

Ja   Nein

Habe ich einen Freund/eine Freundin, dem/der ich vertraue, dass er/
sie geheime Sachen für sich behält?

Ja   Nein

Wenn ich gute Neuigkeiten habe – dass ich in die Mannschaft aufgenommen wurde oder eine gute Note geschrieben habe –, gibt es dann
einen Freund/eine Freundin, den/die ich sofort anrufen könnte, um es
zu erzählen?

Ja   Nein

Wenn du die meisten Fragen nicht mit ‚Ja' beantworten kannst, solltest du dir vielleicht eine Kleingruppe suchen oder jemanden zu dir
nach Hause einladen. Das könnte ein erster Schritt hin zu tieferen
Freundschaften sein.

Kapitel 16

» Sei ein ganz normaler Mensch

Wir Christen haben ein Sündenproblem.

Das Problem ist nicht, dass wir sündigen – denn dieses Problem hat *jeder*.

Unser Problem ist, dass wir nicht drüber reden können.

Unser Problem ist, dass wir so tun, als hätten wir *kein* Problem. Gern hören wir Storys von Leuten, die früher gesündigt haben. Und wer eine Geschichte mit Happy End zu bieten hat, wird oft eingeladen, um diese Geschichte zu erzählen: *Ich hatte früher ein Riesenproblem, doch dann lernte ich Gott kennen und jetzt ist alles gut.*

Stell dir vor, du gehst zu einem Seelsorger und erzählst ihm: „Ich will nur über die Probleme reden, die ich *früher* hatte. Bitte frag mich nicht, ob ich auch *jetzt* grad Probleme habe. Das wäre mir total peinlich. Ich hab Angst, dass du mich dann blöd findest."

Würde irgendjemand zum Seelsorger gehen, um den Seelsorger davon zu überzeugen, dass dieses Gespräch gar nicht notwendig ist? Natürlich nicht.

Aber würde jemand in die Kirche gehen, um die Gemeinde davon zu überzeugen, dass das, was die Kirche anbietet, gar nicht notwendig ist? Leider schon. Das machen viele so.

Die Leute finden es total okay, einem Arzt von einem körperlichen Problem zu erzählen oder einem Automechaniker von einem Problem an ihrem Auto. Wäre es da nicht auch total okay, wenn ein Sünder einem anderen Sünder von seinem Sündenproblem erzählt? Wenn ich mir wünsche, dass Gott (oder auch ein Mensch) mein *echtes* Ich liebt, muss ich dran arbeiten, *echt* zu sein.

David war der größte König von Israel – aber er war Polygamist (das heißt, er hatte mehr als eine Frau). Er war ein richtig schlechter Vater. Er wollte die Frau eines anderen Mannes, ging mit ihr fremd, log ihren Mann an, ließ schließlich den Mann umbringen und hielt sein Verbrechen ein Jahr lang geheim. Ein Freund von mir hat mal gesagt, in der Zeit hatte bestimmt keiner ein „What would David do"-Armband an.

Trotzdem wurde David als „Mann, an dem [Gott] Gefallen hat" bezeichnet (1. Samuel 13,14).

Geht das überhaupt, dass jemand ganz tief in der Sünde steckt und sich gleichzeitig die Nähe Gottes wünscht?

Einmal berichtete ein christlicher Führungstyp in einer Predigt von den zwei „großen Sünden" in seinem Glaubensleben: Erstens, dass er nicht so mutig ist, genug Leuten von Jesus zu erzählen, wenn er mit dem Flugzeug unterwegs ist, und zweitens, dass seine Gedanken manchmal abschweifen, wenn er betet. Er äußerte seinen großen Frust über diese beiden Dinge.

Welche Hoffnung sollen wir anderen dann noch haben?

Beim Schreiben fällt mir gerade ein sehr seltsames Problem auf. Wenn ein Pastor eine ernste Sünde bekennt, verlangen die Leute normalerweise, dass dieser Pastor sein Amt niederlegt. Wenn der Pastor jedoch nur „sichere", nicht-skandalöse Sünden bekennt, finden die Leute den Pastor vielleicht unehrlich und scheinheilig. Also am liebsten würde ich jetzt ein Geständnis bringen, das ehrlich und ernst gemeint ist – aber es wäre gleich so skandalös, dass es mich meinen Job kosten würde. Ich kann also gar keine Sünde bekennen, ohne beim Geständnis gleich wieder zu sündigen!

Beziehungen werden tief, wenn die Leute ehrlich werden. Damit meine ich, wenn sie ehrlich über ihre Sünde reden, die wir doch alle aus eigener Erfahrung kennen.

Offenheit lässt den Geist Gottes fließen – komm, wie du bist

Ich habe ein Problem, das immer wieder auftritt und manchmal behandelt werden muss. Es ist mir ziemlich peinlich. Aber vor Kurzem wurde es ziemlich schlimm und ich musste zum Wochenend-Bereitschaftsarzt. Dort hatte ein Medizinstudent namens Andrew Dienst. Er fragte mich nach meinem Problem, aber ich wollte es ihm zuerst nicht sagen. Willst du's wissen?

Vielleicht eher nicht. Aber jetzt verrat ich's trotzdem.

Ich hatte sehr viel Ohrenschmalz in den Ohren. Mit der Zeit hatte sich immer mehr angesammelt und als ich dann im Schwimmbad war, gelangte Wasser dahinter und ich konnte kaum noch was hören. Wenn nach dem Gottesdienst jemand zu mir gekommen wäre, hätte ich nicht unterscheiden können, ob er nur „Hallo" sagt oder eine tiefe Sünde bekennt.

Darum ging ich zum Bereitschaftsdienst, wollte aber mit meinem Problem nicht rausrücken. Als ich es schließlich doch gestand, wurde meine Hilflosigkeit von Andrews Grinsen einfach weggewischt.

„Super!", sagte er. „Dieses Ohrenschmalz holen wir gleich raus. Ich hol total gern Ohrenschmalz raus. Das ist mein Spezialgebiet. Ganz viele Leute haben dieses Problem. Darum bin ich mittlerweile der Ohrenschmalzspezialist."

Andrew nahm einen Hochdruckstrahler und einen Eispickel und holte damit einen Klumpen Ohrenschmalz aus meinem Ohr, der so groß war wie eine kleine Pampelmuse. Er sagte: „Mann oh Mann, ganz schön viel Ohrenschmalz für ein einziges Ohr!" Ich fühlte mich viel besser und ihm hatte die Arbeit Spaß gemacht.

Meine Frau ist gelernte Krankenschwester. Als ich heimkam, fragte sie: „Hast du den Klumpen Ohrenschmalz mitgebracht? Kann ich ihn sehen?"

„Nein, ich habe ihn dagelassen", antwortete ich. „Aber ich könnte noch mal hinfahren und fragen, ob sie ihn vielleicht aufgehoben haben."

Warum war mir dieses Ohrenschmalz bloß so peinlich gewesen? Andrew verhielt sich zu mir wie ein Freund. Meine Frau war so stolz auf mich, dass sie den Klumpen sogar sehen wollte. Sie akzeptierten mich einfach, und das half auch mir zu akzeptieren, dass ich anscheinend eine Ohrenschmalzmaschine bin. Jetzt macht es mir nichts mehr aus, wenn alle das wissen.

Wenn du dich traust, offen zu sein und nichts mehr vortäuschen willst, spürst du, wie du lebendiger wirst. Verstecken und Unehrlichkeit sind immer die Feinde von echtem, erfülltem Leben.

Die allerersten Christen trafen sich in ihren Häusern „mit jubelnder Freude und reinem Herzen" (Apostelgeschichte 2,46), weil jeder kommen konnte, ohne sich zu verstellen.

Ehrliche, reine Herzen sind auch die fröhlichsten Herzen.

In einem Brief an eine dieser ersten christlichen Gemeinden gab Paulus dann die Anweisung: „Nehmt einander an, wie Christus euch angenommen hat, denn dadurch wird Gott geehrt" (Römer 15,7; NL). Annehmen ist mehr als einfach nur gemocht zu werden. Jesus hat nicht zu mir gesagt: „Wenn du dein Zimmer ein bisschen mehr aufräumst, dich ein bisschen ordentlicher anziehst und mehr in der Bibel liest, *dann* darfst du zu meiner Familie gehören." Natürlich hilft er mir, das Beste aus mir herauszuholen, aber ich muss nicht so tun, als sei ich besser als in Wahrheit – nur um ins Netzwerk von Jesus aufgenommen zu werden.

Wie hat Jesus dich angenommen? Einfach so, wie du bist. Wenn jemand die peinlichen, schrecklichen Seiten an mir komplett kennt und mich trotzdem annimmt, dann werde ich quicklebendig.

Gesteh deine Schuld ein

Ich hatte mal ein superwichtiges Erlebnis in meinem Glaubensleben, als ich mich mit einem langjährigen Freund zusammensetzte und zu ihm sagte: „Ich will keine Geheimnisse mehr vor dir haben." Ich erzählte ihm alle Sachen, für die ich mich furchtbar schäme. Ich erzählte ihm, was mich eifersüchtig macht, wann ich mich feige fühle, wie ich meine Frau mit Wutanfällen verletzt habe. Ich erzählte von Lügen und vom schlechten Gewissen, das mich nachts nicht schlafen lässt. Ich fühlte mich verletzlich und befürchtete, dass ich nun ausgeschlossen sein würde. Dass ich die Freundschaft mit ihm verlieren würde. Doch zu meiner Überraschung guckte er nicht mal weg.

Seine Worte, die dann kamen, werde ich nie vergessen.

„Ich hab dich noch nie so gemocht wie jetzt."

Haargenau diese Wahrheit über mich, von der ich gedacht hatte, sie würde ihn abstoßen, wurde zu einem festen Band zwischen uns. Dann erzählte er mir die Geheimnisse, die er mit sich herumtrug.

Man kann mich nur so weit mögen, wie man mich kennt.

Wenn ich einen Teil meines Lebens vor dir verheimliche, sagst du vielleicht, dass du mich magst. Aber tief im Inneren glaube ich, dass du mich gar nicht mehr mögen würdest, wenn du die Wahrheit über mich wüsstest. Ich kann von dir nur so viel Liebe bekommen, wie du mich kennst.

Ich kann nicht total geliebt werden, wenn ich nicht total offen bin.

Total offen zu sein und total geliebt zu werden, ist das heilsame Geschenk, das ein Mensch einem anderen machen kann. Jakobus schreibt: „Bekennt einander eure Sünden und betet füreinander, damit ihr geheilt werdet" (Jakobus 5,16). Uns allen wurde vergeben, wir alle sind Sünder. Niemand kann sich in einer Beziehung geborgen fühlen, wenn

★ Man kann mich nur so weit mögen, wie man mich kennt.

174

wir nur geliebt werden, weil wir schlau, hübsch, stark oder erfolgreich sind. Die Sünde isoliert uns. Diese Sünde und die Isolation machen die Seele krank – und sogar auch den Körper. Bekenntnis und Gebet, Verbundenheit mit anderen Menschen und mit Gott lassen den Geist herein und helfen uns, wieder gesund zu werden.

Die J-Kurve

Ich weiß nicht, welche Noten du in Mathe hast oder ob du Mathe überhaupt magst. Bleib trotzdem mal am Ball. In der Lernforschung reden die Experten manchmal von der J-Kurve. Diese Kurve zeichnet eine Leistungsentwicklung auf: Er wird zwar erst schlechter, aber dann verbessert er sich. Der Lernfortschritt verläuft wie ein „J", wenn du es als Kurve zeichnest. Das heißt, die Kurve geht zuerst nach unten, bevor sie wieder ansteigt.

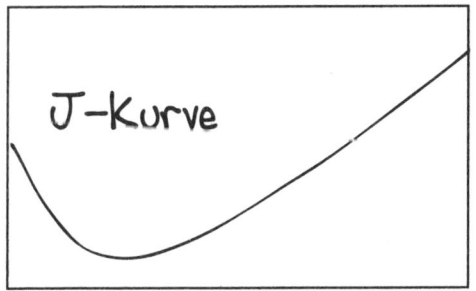

Stell dir vor, du hast beim Tennis den Ball immer falsch geschlagen. Wenn jemand dir dann beibringt, wie man den Schläger richtig hält, wie man steht und wo die Füße sein sollen, wenn du dann versuchst, die Bälle korrekter zu schlagen – dann wirst du am Anfang noch schlechter als zuvor mit deiner falschen Technik! Doch wenn du dranbleibst, wird dein Schlag mit der Zeit viel, viel besser als zuvor. Dennoch musst du akzeptieren, dass du dich am Anfang verschlechterst.

Und kannst du dich noch an folgende Geschichte erinnern: als Jesus auf dem Wasser ging und den Jüngern in dem Boot zurief, sie sollten auf dem Wasser zu ihm kommen? Da brachte Petrus genug Glauben auf, aus dem Boot zu steigen. Jedoch ging er zunächst unter – schnitt schlechter ab als alle anderen Jünger. Ein anderes Mal versuchte Petrus, Jesus zu verteidigen, indem er einem Soldaten mit dem Schwert ein Ohr abschlug. Und noch ein anderes Mal versprach Petrus, immer zu Jesus zu halten, fiel damit jedoch auf die Nase.[20]

Trotz alledem konnte Petrus durch seinen Glauben, seinen Mut, seine Treue und seine Weisheit der Leiter der Kirche werden. Er wurde erst einmal schlechter, bevor er sich verbesserte. Dabei fällt uns auf, dass Petrus' Versagen Jesus weder schockierte noch entmutigte. Vielmehr war Jesus so geduldig mit seinen Jüngern, dass wir die J-Kurve genauso gut Jesus-Kurve nennen können. Er hilft immer, wenn ein Nachfolger von ihm den echten Wunsch hat weiterzukommen.

Jesus bringt uns immer Wachstum, und Wachstum verlangt immer wieder, ein Risiko einzugehen, und Risiko bedeutet immer potenzielles Versagen. Somit führt Jesus uns immer wieder ins potenzielle Versagen. Trotzdem gibt er bei seinen Schülern nie auf, nur weil sie doch mal versagt haben.

Wenn du noch nie jemanden mit unangenehmen Sachen konfrontiert hast, obwohl du es manchmal hättest tun sollen, kannst du das jetzt üben. Am Anfang machst du es noch total schlecht. Auch wenn du beinahe noch nie einen Menschen durch nette Worte aufgebaut hast, sind deine ersten Versuche vielleicht noch sehr tollpatschig. Wenn du noch nie von deinem Glauben erzählt hast, wird es beim ersten Mal noch ganz schön holprig gehen, und du wirst rumstottern.

Trau dich, du darfst ruhig stottern. Versagen bedeutet nicht, dass du hinfällst. Versagen ist, wenn du es erst gar nicht probierst. Jedes Stottern und jedes Hinfallen können wir feiern.

Wir leben auf der J-Kurve.

Ehrlich währt am längsten

Wir Menschen sollen unsere Wünsche ehrlich äußern, aber oft überspielen wir unsere ganz normalen, menschlichen Probleme mit einer frommen Sprache. Es gibt eine Geschichte von einem Jungen, der nach Hause kommt und nicht merkt, dass der Pfarrer gerade zu Besuch ist. Der Junge hält eine tote Ratte in der Hand. „Mama, weißt du was? Hinter der Garage hab ich eine Ratte gesehen. Ich hab einen Stein nach ihr geschmissen und sie sogar erwischt. Sie ist liegen geblieben, darum bin ich hingegangen und habe auf ihr rumgetrampelt. Dann hab ich sie noch gegen die Garagenwand gefeuert, so doll ich konnte. Zweimal!"

Erst jetzt sieht der Junge den Pfarrer. Und wenn Blicke töten könnten, hätte die Mutter das Leben ihres Sohns jetzt beendet. Da hebt der Junge die tote Ratte hoch in die Luft und fügt im hübschesten frommen Tonfall, den er auf Lager hat, hinzu: „Und dann hat der liebe Gott die Ratte heimgeholt."

Wenn wir versuchen, frommer zu wirken, werden wir weniger menschlich. Vortäuschungen und Masken schneiden den Strom des Heiligen Geistes ab.

Sollte es je eine Gemeinde geben, in die jeder kommen kann, „wie er ist", sollte es je eine Gemeinschaft geben, in die jeder seinen Mist und seinen Frust mitbringen kann, ohne dass es ein sauberes Happy End geben muss, sollte es je eine Gruppe geben, in der jeder geliebt wird und keiner was vortäuschen muss – dann würde kein Gebäude der Welt groß genug sein für die Menschenmassen, die dorthin strömen würden.

Im Strom

- Zu welchem Freund bin ich am ehrlichsten?

- Was sind meine heimlichen Schuldgefühle und Versuchungen? Gibt es jemanden, mit dem ich darüber reden kann?

- Nimm dir ein bisschen Zeit, über deine Schuldgefühle und Versuchungen nachzudenken. Verabrede dich dann in Ruhe mit diesem Menschen, dem du komplett vertraust. Erzähl ihm, wie es deinem Herzen und deiner Seele in Wirklichkeit geht – auf eine Weise, die eurer Beziehung und deinem Vertrauen angemessen ist.

- Lach heute mindestens einmal über dich selbst.

Kapitel 17

» Such dir schwierige Leute, an denen du wachsen kannst

Manche Leute katapultieren mich raus aus dem Strom des Geistes. Sie behandeln mich von oben herab und ich fühle mich wie der letzte Depp. Sie zeigen mir, dass sie mich nicht mögen und ich fühle mich als Außenseiter. Sie benutzen mich, um ihre eigenen Löcher zu stopfen, und saugen mich dabei aus. Sie werfen mir Felsbrocken in den Weg und rauben mir jede Motivation. Sie regen mich auf. Sie machen mir Angst. Sie deprimieren mich. (Außerdem mag ich sie überhaupt nicht. Wer hätte das gedacht …?)

Der Theaterautor George Bernard Shaw[21] saß einmal bei einer schicken Dinnerparty neben einer arroganten Schlaftablette. Nachdem er sich das uninteressante Gelaber dieses Typen ewig angehört hatte, sagte Shaw zu ihm: „Sie und ich, wir wissen zusammen alles, was es zu wissen gibt."

„Wie meinen Sie das?", fragte der Gesprächspartner fasziniert.

„Tja", antwortete Shaw, „Sie scheinen alles auf der Welt zu wissen, außer dass Sie ein Langweiler sind. Und das weiß ich!"

Jeder hat in seinem Leben ein paar schwierige Leute. Aber stell dir vor: Gott kann sie benutzen, damit du zur besten Version von dir wirst – und vielleicht helfen sie dir mehr als die Leute, mit denen du gern zusammen bist. Jesus hat gesagt:

„Ganz ähnlich verhält es sich mit dem bekannten Gebot: ‚Liebe deinen Nächsten.' Für die meisten Menschen ist jeder Mensch ein

Nächster, nur nicht die persönlichen Feinde. Diese zu hassen halten sie für ihr selbstverständliches Recht. Auch hier möchte ich euch herausfordern: Fangt an, eure Feinde zu lieben. Ja, betet selbst für die, die euch das Leben schwermachen, nur weil ihr zu mir gehört. ... Wenn ihr es nur fertigbringt, die zu lieben, die liebenswert sind, erwartet ihr da wirklich eine besondere Anerkennung von Gott? Jeder Mensch verhält sich so. Wenn ihr einfach nur zu denen ‚Hallo‘ sagt, die auch euch grüßen, dann macht ihr nicht mehr als alle anderen auch. Daran kann man wirklich noch nicht erkennen, dass ihr in einer Beziehung mit Gott lebt. Seine Wesensart sollte immer euer alltägliches Verhalten bestimmen." (Matthäus 5,43–48; WD)

Andere Leute formen nicht dein Inneres; sie decken nur dein Inneres auf.

Mehr noch: Wenn Gott eine bestimmte Eigenschaft in dir hervorlocken will, schickt er vielleicht einen Menschen, der dich zum genau entgegengesetzten Verhalten anstachelt. Wenn du Liebe entwickeln sollst, könnten unliebsame Leute dich am meisten fordern. Wenn du Hoffnung entwickeln sollst, kann es deine Aufgabe sein, zwischen lauter Pessimisten deine Hoffnung stark zu machen. Wenn du üben willst, selbstbewusst aufzutreten, kriegst du richtige Übung durch einen Menschen, der dir Angst einjagt. So wie Gewichtheben die Muskeln stärkt und Ausdauertraining das Herz stark macht, so können schwierige Leute deine Liebesfähigkeit stark machen.

Frage: Warum lässt Gott schwierige Leute in meinem Leben zu?

Antwort: Gibt's denn überhaupt andere?

Diese Antwort ist gar nicht sarkastisch gemeint. Ein Gedankenspiel: Wenn Gott alle schwierigen Leute aus der Welt jagen würde – jeden, der irgendwelche Fehler, Macken, Hässlichkeiten und Sünden mit sich rumschleppt –, dann wärst du auf diesem Planeten schrecklich einsam.

Wir wünschen uns immer, dass Gott uns ein Leben ohne schwierige Leute schenkt. Doch wie viele coole Helden aus der

Bibel hatten auch schwierige Leute in ihrem Leben? Mose hatte den Pharao, Elia hatte Isebel, Esther hatte Haman, Jakob hatte Laban, David hatte Saul, Johannes der Täufer hatte Herodes. Sogar Jesus hatte jemanden: Judas. Wenn Gott dich liebt und dich vorwärtsbringen möchte, wird er dir ein paar schwierige Leute über den Weg schicken. Aber du sollst nicht verzweifeln: *Du bist nämlich auch der schwierige Mensch, den Gott schickt, um jemand anderen zu formen!*

Wenn wir wirklich lernen, Ströme von lebendigem Wasser durch diese Beziehungen fließen zu lassen, sind wir unbezwingbar.

Die Wirkung erkennen

Die Leute um uns herum beeinflussen uns viel mehr als wir meinen. Jedes – *absolut jedes* – Zusammentreffen mit Leuten bringt uns entweder Kraft oder nimmt uns Kraft.

Die Medizinerin Dr. Jill Bolte Taylor[22] war eine superintelligente Gehirnspezialistin, als sie mit 37 Jahren einen schlimmen Schlaganfall hatte. Ihre linke Gehirnhälfte, die für Sprache und lineares Denken zuständig ist, war zerstört. Sie lag monatelang in einem Krankenhausbett, unfähig, mit jemandem zu reden. Später schrieb sie, dass sie in der Zeit zwar die Worte der Menschen, die zu ihr kamen, nicht verstehen konnte, dass sie jedoch haargenau spüren konnte, ob die Menschen ihr Lebensgefühl verbesserten oder verschlechterten: „Ich erlebte andere Menschen als konzentrierte Energiebündel. Zwar verstand ich ihre Worte nicht, doch Gesichtsausdruck und Körperhaltung sprachen Bände. Ich war mir sehr bewusst, welche Dynamik die Menschen mit sich brachten. Einige schenkten mir Kraft; andere raubten mir Kraft."

Auf einer Ebene, die tiefer geht als Worte, tiefer als der reine Austausch von Informationen, ist jede Begegnung mit einem Menschen ein geistlicher Austausch. Manche Leute sind Lebensspender: Sie geben uns Energie, machen unsere Hoffnung stark, vermitteln uns Spaß und kitzeln das Beste aus uns heraus. Andere Leute sind Lebensräuber: Sie machen uns Angst und verleiten uns zu zynischem Denken. Wir fühlen uns plötzlich angegriffen, deprimiert und frustriert, wenn sie in der Nähe sind.

Wie sollen wir uns also jetzt durch schwierige Beziehungen weiterentwickeln?

Gott zwischen dir und mir

Freunde von mir wollten mal eine längere Reise machen und gaben ihren Jagdhund deshalb in einer Art Ferienlager für Hunde ab. Ich wusste gar nicht, dass es so etwas gibt. Die Hunde bekamen dort einen Auffrischungskurs im Fach „Gehorsam sein". Das heißt, es wurde trainiert, dass die Hunde wirklich auf jeden Befehl mit schnellem, freudigem, und bedingungslosem Gehorsam reagieren. Als der Hund wieder heimkam, war er nicht wiederzuerkennen. Es war Ferienlager und Erziehungsanstalt in einem gewesen.

Wäre doch cool, wenn es einen solchen Ort auch für Menschen gäbe, oder? Der wäre proppenvoll. Doch der Haken an der Sache ist natürlich, dass *Menschen* nicht einfach zurechtgebogen werden können. Und das hat natürlich seinen Grund: Jeder Mensch hat eine Seele. Jeder hat einen Ort tief im Inneren, an dem er sich nur mit Gott treffen kann. Vielleicht meinen wir: *Ich kann doch drohen, belehren, schmeicheln, manipulieren, überreden, belohnen oder schmollen, um einen Menschen zu dem Verhalten zu zwingen, das ich möchte.* Und vielleicht klappt das auch, aber nur an der äußeren Schale der Persönlichkeit dieses Menschen. Das tiefste Innere eines andern kann ich nicht erreichen. Nur Gott kann das.

Gebet kann am ehesten jemand anderes im tiefsten Inneren beeinflussen. Dabei gehe ich mit Gott in die Seele eines anderen Menschen rein – denn Jesus steht immer zwischen mir und dem Inneren des anderen. Der direkteste Weg, um einem Menschen etwas zu vermitteln, ist nicht, mit ihm zu reden. Der direkteste

Weg ist, mit Jesus zu reden. Ich erinnere mich noch haargenau an das schwerste Gespräch meines Lebens. Ich führte es mit einer Person, die ich schon viele, viele Jahre kannte. Wir mussten über komplizierte Probleme reden, die sich im Laufe der Zeit in unsere Beziehung eingeschlichen hatten. Schon jahrelang hatte ich mich um ein offenes Gespräch herumgedrückt. Jetzt war es höchste Zeit. Deshalb fiel es mir unglaublich schwer, die Nummer zu wählen und ein Treffen zu vereinbaren. Ich befürchtete, dass das Gespräch anstrengend sein und mir wehtun würde. Und dass wir keine gemeinsame Sichtweise finden würden.

Am Ende war es sogar noch schlimmer!

Trotzdem gab mir ein Gedanke den Mut, dieses Gespräch anzugehen: *Ich bin nicht für das Ergebnis verantwortlich. Ich muss den anderen nicht dazu bringen, die Sache genauso zu sehen wie ich. Ich muss nur hingehen. Den Rest überlasse ich Gott.*

Am Ende des Gesprächs hatte ich leider nicht das Ziel erreicht, das ich mir gewünscht hatte. Trotzdem fühlte ich mich quicklebendig, weil ich in dieser schwierigen Beziehung auf Jesus vertraut hatte.

Wann ist ein Mensch für dich schwierig?

Es gibt viele Untersuchungen darüber, warum wir manche Leute mögen und manche nicht. Neben allen möglichen Gründen – zum Beispiel äußerliche Attraktivität, IQ, Fähigkeiten, Persönlichkeit – ist der Hauptfaktor, der bestimmt, ob wir jemanden mögen oder nicht, die Frage, ob die andere Person *mich* mag. Wenn jemand dich mag, magst du ihn wahrscheinlich auch. Wenn jemand dich nicht mag, magst du ihn wahrscheinlich auch nicht.

Das desillusioniert uns ein bisschen.

Wenn jemand, den ich nie besonders gemocht habe, etwas Tolles über mich sagt, denke ich: *Hey! Der ist ja cooler als ich dachte!*

Gott ist allerdings nicht so. Natürlich liebt Gott die Leute, die ihn lieben; aber er liebt auch die Leute, die ihn nicht lieben. Gott liebt sie ja auch nicht, weil er es muss. Es sagt sich nicht: *Naja, ich bin halt Gott. Darum muss ich wohl oder übel die Menschen lieben. Oh Mann, es wär so toll, wenn ich sie nicht mehr lieben müsste!*

Gott tut das, weil Liebe der einzige Weg ist, der uns ins Leben bringt.

Eine Viertelsekunde, um im Strom des Heiligen Geistes zu bleiben

Wut und Ärger können mich aus dem Strom des Heiligen Geistes reißen. Darum schreibt Paulus: „Beleidigt nicht durch euer Verhalten den Heiligen Geist [anders ausgedrückt: lasst euch nicht aus dem Strom reißen]! Er ist wie ein Siegel, das Gott euch aufgedrückt hat, und er verbürgt euch die endgültige Erlösung. Weg also mit aller Verbitterung, mit Aufbrausen, Zorn und jeder Art von Beleidigung! Schreit einander nicht an! Legt jede feindselige Gesinnung ab!" (Epheser 4,30–31).

Schwierige Beziehungen können einen Zugang für den Teufel sein, aber Gott hat uns so gemacht, dass wir auch in extremen Schwierigkeiten die Fähigkeit haben, den Heiligen Geist um Hilfe zu bitten.

Sagen wir, ich entscheide mich, meine Hand zu bewegen. Dieser Impuls fließt vom Gehirn über die Nerven zu meiner Hand. Zwischen der Gehirnregung und der Handbewegung liegt somit das, was ein Wissenschaftler einmal als die „lebensspendende Viertelsekunde" bezeichnet hat[23].

Es liegt nämlich eine Viertelsekunde zwischen dem Impuls im Gehirn und der Bewegung des Körpers. Und diese Viertelsekunde – auch wenn sie aufs Gehirnleben bezogen sehr kurz klingt – ist gigantisch.

Der Apostel Paulus schreibt: „Versündigt euch nicht, wenn ihr in Zorn geratet! ... Gebt dem Versucher keine Chance!"

(Epheser 4,26–27) In dieser Viertelsekunde kann der Heilige Geist das Ruder übernehmen. Das ist der entscheidende Moment, in dem du entweder den Heiligen Geist an dich ranlässt oder die Sünde. Diese Viertelsekunde in deinem Gehirn ist die Chance zu sagen: „Heiliger Geist, ich hab jetzt einen Impuls. Soll ich das machen?"

Als Beispiel: Ich ärgere mich über meinen kleinen Bruder oder meine Eltern oder meinen Freund, und in meinem Hinterkopf entstehen schon hitzige Sprüche. Die lebensspendende Viertelsekunde kommt, aber ich lasse sie vorbeirauschen. Ich lass den Frust raus. Und mir rutschen Ausdrücke raus, von denen ich nie gedacht hätte, dass ich sie je benutzen würde.

Unglaublich, wie der Wunsch, jemandem wehzutun, obwohl man ihn lieb hat, in uns plötzlich so ein starkes körperliches Gefühl werden kann. Wenn wir ihn rauslassen, bereuen wir es sofort. Das Gute ist: Wenn du versagst – und das passiert bestimmt mal –, schickt Gott nach der ersten gleich noch eine zweite Viertelsekunde.

Und dann kannst du gleich zurück in den Strom seines Geistes kommen.

Vom Meister lernen

Die Kunst, mit schwierigen Leuten umzugehen, beherrschte keiner besser als Jesus. Er hatte viel Übung darin. Die Römer wollten ihn ruhigstellen; Herodes wollte ihn umbringen; die religiösen Anführer beneideten ihn; seine Familie dachte, er sei völlig durchgeknallt; die Leute aus seiner Heimatstadt wollten ihn mit Steinen töten; Judas betrog ihn; Soldaten schlugen ihn; die Menge forderte schreiend seine Kreuzigung; und seine eigenen Jünger ließen ihn im Stich. Dennoch betete Jesus nie, dass Gott die schwierigen Leute aus seinem Leben nehmen soll.

Wenn er das gebetet hätte, wäre buchstäblich kein Mensch mehr übrig geblieben.

Jesu Gedanken darüber, wie man mit schwierigen Leuten umgeht, kamen aus tiefer, schmerzhafter Erfahrung und aus wahnsinniger Weisheit. Schauen wir uns mal an, was Jesus empfiehlt, wenn jemand versucht, uns auszunutzen.

Ausnutzer

Jesus bringt dieses Beispiel: „Und wenn jemand dich zwingt, eine Meile mit ihm zu gehen, dann geh mit ihm zwei" (Matthäus 5,41). Seine Zuhörer wussten genau, was Jesus meinte. Damals durften die römischen Soldaten nämlich jeden Juden einfach so zwingen, ihr Gepäck eine Meile weit zu tragen.

So ein Mensch nutzt uns aus. Er betrachtet uns nicht als Mensch, sondern als Hilfsmittel. Was sollen wir also in einer solchen Situation machen? Jesus bietet an, den Feind als Menschen zu betrachten. Dieser römische Soldat ist ein junger Kerl, ein Fremder, vielleicht selbst arm. Von der Bevölkerung bekommt er normalerweise nur unfreundliche Reaktionen ab. Darum diese Idee: Du gehst eine Meile mit ihm, schaust ihm in die Augen und sagst: „Du siehst müde aus. Darf ich dir noch mehr helfen? Darf ich noch eine Meile mit dir gehen?"

Diese Antwort haut den Soldaten von den Socken. So was macht doch keiner! Das ist, als würdest du das Geld für einen Strafzettel bezahlen und gleich noch ein Trinkgeld drauflegen.

Wenn jemand schwierig ist, bilde ich mir oft ein, dass diese Person mich absichtlich ärgern will. Ich komme nicht auf die Idee, dahinter den wahren Menschen mit seiner eigenen Geschichte zu sehen. Dem englischen Schriftsteller Charles Lamb[24] bot einmal ein Freund an, ihm einen Mann vorzustellen, den Lamb schon lange unsympathisch fand – er hatte ihn zwar noch nie gesehen, hatte aber einiges über diesen Mann gehört. „Nein, ich will ihn nicht treffen", sagte Lamb. „Ich will ihn weiterhin hassen und das kann ich nicht, wenn ich den Mann kenne."

Unser Geschenk ist das Verstehen. Wir denken daran, dass diese Leute, die wir nicht mögen, auch Menschen sind. Wir stellen uns vor, dass wir an ihrer Stelle sind. Wir geben uns Mühe, uns vorzustellen, wie sie sich fühlen und wie sie behandelt werden. Wir fragen, was ihnen helfen würde, die beste Version von sich selbst zu werden. Dadurch wird diese Begegnung zu einer Übung für mich, auch die beste Version von mir zu werden. Stell dir vor: Wir *brauchen* sogar schwierige Leute, um unser volles Potenzial zu erreichen.

Der „schwierige Mensch" bin ich

Ich hielt einmal einen Vortrag über „schwierige Menschen" und fand, dass mir der Vortrag total gut gelungen war. Allerdings nur, bis ich herausfand, dass einer, den ich sehr gut kannte und mit dem ich eng zusammenarbeitete, einem anderen Freund erzählte, wer der „schwierige Mensch" in seinem Leben war. Ich.

Er war definitiv mehr als nur ein entfernter Bekannter von mir. Das heißt, dass ich einen nahestehenden Menschen über lange Zeit durch mein Reden und Handeln verletzt hatte und für ihn ein Lebensräuber gewesen war. Bei unseren Gesprächen kam er sich oft so vor, als dürfe er nur das schweigende Publikum spielen. Ich schickte ihm klare Signale, dass ich meine Meinung wichtiger und richtiger fand als seine. Am liebsten wäre er abgehauen. Und zu allem Überfluss hatte ich nicht die leiseste Ahnung davon.

Das war mir unglaublich peinlich und ich hätte mich gern für alles verteidigt. Jetzt wäre *ich* am liebsten weggelaufen. Wir konnten darüber reden und unsere Beziehung einigermaßen verbessern. Trotzdem werde ich dieses Gefühl nie vergessen, das mich überkam, als ich feststellte, dass ich für jemanden dieser „schwierige Mensch" bin. Ich hoffe, dass mich dieses Erlebnis für andere Beziehungen wachsamer gemacht hat. Auf jeden Fall hat es mich dankbarer gemacht für die Gnade.

Wenn ich es mir aussuchen kann, hänge ich immer viel lieber mit den Leuten ab, die ich richtig gern mag als mit denen, die ich schwierig finde. Wäre ja sonst auch ein bisschen komisch! Aber denk dran: Gott kann diese stacheligen Beziehungen in deinem Leben gebrauchen, damit du zu deiner besten Version deiner selbst werden kannst.

Teil 6

» Meine Erlebnisse umkrempeln

Kapitel **18**

» Du musst erst im Dreck stecken, bevor du heimkommst

Bist du bereit für ein abgefahrenes Gedankenspiel? Stell dir vor: Bei deiner Geburt gibt jemand deinen Eltern das Drehbuch für dein ganzes Leben. Deine komplette Geschichte, mit allen Erlebnissen, ist darin schön beschrieben. Und es kommt noch besser: Deine Eltern bekommen zu dem Drehbuch auch noch einen Radiergummi, dazu fünf Minuten Zeit, um alle Ereignisse auszuradieren, die sie nicht in deinem Leben haben wollen.

Vielleicht lesen deine Eltern in dem Buch, dass du in der Grundschule in eine sehr schwierige Situation kommst. Vielleicht lesen sie von einer Fähigkeit, die andere Kinder sich leicht aneignen, dir aber größere Schwierigkeiten bereitet. Es könnte sein, dass sie lesen, wie du an der Oberstufe einen großen Freundeskreis hast – doch dann eine deiner Freundinnen an Krebs stirbt. Sie lesen, wie du nach dem Abi einen Studienplatz an deiner Lieblingsuni bekommst, jedoch während des Studiums einen Autounfall hast, bei dem du dich verletzt. Dann kommt nach dem Studium eine schwierige Phase mit Depressionen. Vielleicht lesen sie, wie du ein paar Jahre später einen supertollen Job bekommst – den aber rasch wieder verlierst, weil die Wirtschaft den Bach runtergeht. Sie lesen, wie du heiratest, aber ein paar Jahre später den Herzschmerz einer Scheidung durchmachst.

Wenn deine Eltern dieses Drehbuch deines Lebens in der Hand halten würden und fünf Minuten Zeit hätten, schlimme Dinge zu streichen, damit du sie nicht erleben müsstest – *welche schlimmen Dinge würden sie wegradieren?* Diese Frage stellte der Psychologe Jonathan Haidt[25] in dieser ausgedachten Übung. *Würdest du dir nicht wünschen, dass sie all die Sachen rausnehmen, bei denen du leiden würdest?*

In der heutigen Zeit gibt es viele „Hubschrauber-Eltern", die stets bereit sind, im Sturzflug einzugreifen, falls jemand ihre Kinder schlecht behandelt oder falls jemand den Kindern im Weg steht. Schließlich soll das Kind ja einen Erfolg nach dem anderen einfahren – in der Schule, im Sport, in Beziehungen. Aber Moment mal! Wenn deine Eltern mit einer Handbewegung jedes Versagen, jede Enttäuschung und jedes Leid hätten wegwischen können, wäre das wirklich eine gute Idee gewesen? Würdest du dich mit so einem Leben noch zur besten Version von dir entwickeln können? Könnte es vielleicht sein, dass wir Menschen gewissermaßen schwere Zeiten und Rückschläge *brauchen* – vielleicht sogar Leiden –, um unser Wachstumspotenzial ganz auszuschöpfen?

Der Apostel Paulus war überzeugt, dass Leiden zum Wachstum führen kann, wenn wir im Strom des Heiligen Geistes leben. Leiden kann also sogar bewirken, dass Menschen zu einem echten, erfüllten Leben gelangen.

Wir werden einmal an Gottes Herrlichkeit teilhaben. Diese Hoffnung erfüllt uns mit Freude und Stolz. Doch nicht nur dafür sind wir dankbar. Wir danken Gott auch für die Leiden, die wir wegen unseres Glaubens auf uns nehmen müssen. Denn Leid macht geduldig, Geduld aber vertieft und festigt unseren Glauben, und das wiederum gibt uns Hoffnung. Und diese Hoffnung geht nicht ins Leere. Denn uns ist der Heilige Geist geschenkt, und durch ihn hat Gott unsere Herzen mit seiner Liebe erfüllt. (Römer 5,2–5; Hfa)

Drei Einstellungen in schweren Zeiten

Es gibt viele Möglichkeiten, die Höhen und Tiefen unseres Lebens anzuschauen. Der Philosoph Robert Roberts[26] beschreibt drei Einstellungen, die wir haben können: Hoffnung, Verzweiflung und Resignation.

Hoffnung ist die Überzeugung, dass meine Zukunft gute Möglichkeiten mit sich bringt. Ich *wünsche* mir die Sachen, die diese Zukunft bringen wird und ich *glaube*, dass diese guten Sachen schon auf mich warten. Hoffnung hat nichts mit aufgeblasenen Luftschlössern zu tun. Natürlich gehört zur Hoffnung auch das Warten und eine gewisse Unsicherheit, die uns Angst machen kann. Wenn „Hoffnung" jedoch meine Einstellung ist, denke ich voll Vorfreude an die Zukunft. Ich freue mich auf morgen. Man merkt es einem Menschen immer an, wenn er hoffnungsvoll ist.

Verzweiflung ist hingegen die Einstellung, wenn ich mir etwas total wünsche, aber tief im Inneren überzeugt bin, dass es sowieso nicht eintrifft. In der Verzweiflung ist mein Wunsch noch recht stark, trotzdem glaube ich, dass er nie erfüllt wird. Jeder Gedanke an die Zukunft wird schmerzvoll: *Diese Depression werde ich nie wieder los. Keiner wird mich je liebhaben.* Die Verzweiflung legt uns lahm. In tiefer Verzweiflung kann keine Seele lange überleben. Weil die Verzweiflung so schädlich ist, greifen die Menschen dann lieber zur *Resignation*.

Resignation ist eine Art Mittelweg zwischen Hoffnung und Verzweiflung. Wenn ich resigniere, fahre ich meine Wünsche runter und versuche mir einzureden, dass diese Sache eh nicht toll gewesen wäre, die ich mir so sehr gewünscht hatte. *Sooo abgefahren ist die Mannschaft ja gar nicht. Naja, so richtig hübsch ist sie sowieso nicht und es gibt noch viele andere Mädels auf der Welt.* Wenn wir mit Situationen klarkommen müssen, bei denen Enttäuschung vorprogrammiert ist (beispielsweise dass Bayern München mal ein paar Jahre lang *nicht* Meister wird), ist es sogar ganz schlau, das Unvermeidbare in Ruhe zu akzeptieren.

Doch kann man denn sein ganzes Leben in Resignation verbringen?

Die Einstellung der besten Version von dir lautet „Hoffnung", denn der Geist des Lebens ist ein Geist der Hoffnung. Der Geist führt uns nie in die Verzweiflung, sondern es gibt immer Hoffnung. Das bezieht sich nicht auf bestimmte Situationen, sondern auf eine innere Einstellung. Wissenschaftler haben sogar in der Persönlichkeit von manchen Leuten eine Sache entdeckt, die sie „dispositionellen Optimismus" nennen – es ist die Fähigkeit, hoffnungsvoll in die Zukunft zu sehen.

Gönn dir mal einen Fünfsekundentest zum Thema „Hoffnung", indem du folgende zwei Fragen mit Ja oder Nein beantwortest:

- In unsicheren Situationen erwarte ich normalerweise, dass es gut ausgeht.
- Wenn bei mir etwas schieflaufen könnte, passiert das normalerweise auch.

Wenn du die erste Frage mit Ja und die zweite mit Nein beantwortet hast, gefällt dir dieses Kapitel bestimmt gut. Wenn du anders geantwortet hast, dann *brauchst* du dieses Kapitel. Denn der Vorteil an der Hoffnung ist, dass man sie lernen kann!

Normales Leben und Krise

Im „normalen Leben" plätschert alles so vor sich hin und wir gehen davon aus, dass bestimmte Sachen sich eine ganze Weile nicht ändern werden: Ich fühle mich vielleicht sicher, weil in meiner Familie genug Geld da ist. Ich weiß, wer ich bin, weil ich gute Noten bekomme, weil ich zu einem guten Team gehöre oder weil ich mit einer bestimmten Person zusammen bin. Mein Leben hat einen Sinn, weil ich noch mehr erreichen will, als ich jetzt schon habe. Das Leben „läuft".

Doch dann kommt eine Krise. Vielleicht lassen sich deine Eltern scheiden. Vielleicht verlierst du einen geliebten Menschen. Vielleicht wird einer deiner Eltern arbeitslos. Eine Freundschaft, auf die du dich jahrelang verlassen hast, geht plötzlich in die Brüche. Du bist in einen Skandal verwickelt und hast plötzlich einen schlechten Ruf. Deine Freundin beziehungsweise dein Freund, mit der (bzw. dem) du lange zusammenwarst, schaut dich an und sagt: „Es ist aus. Du kannst nichts dafür, aber ich will, dass wir nur noch Freunde sind. Es liegt echt nicht an dir, es liegt an mir."

Jede Krise wirft diese wichtige Frage auf: *Worauf kann ich mein Leben bauen? Was ändert sich nie, auch wenn sich Situationen ändern? Worauf kommt es wirklich an?*

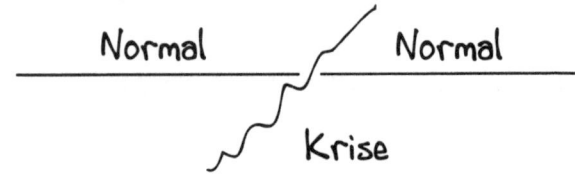

Vor einiger Zeit kam jemand zu mir ins Büro und sagte, ich müsse mal den rechten Hinterreifen an meinem Auto überprüfen lassen. Er sah beinahe platt aus, darum brachte ich das Auto in die Werkstatt und ließ den Reifen flicken. Ein paar Monate später sagte jemand anderes mir genau dasselbe. Mehrere Monate lang musste ich den Reifen immer wieder aufpumpen lassen und immer wieder ging anschließend die Luft langsam wieder raus. Schließlich meinte der Autodoktor: „Dieser Reifen ist müde und ausgepowert. Wir müssen der Realität ins Auge blicken: Sie brauchen einen neuen Reifen."

Dann wollte mein Auto letztes Wochenende nicht anspringen. Das Problem war die Batterie. Ich dachte, ich könne die Batterie einfach aufladen lassen, doch der Autodoktor sagte: „Diese Batterie ist müde und ausgepowert. Wir müssen der Realität ins Auge blicken: Sie brauchen eine neue Batterie."

Beim Frühstück, nachdem ich zu viel Kaffee getrunken hatte und in der Nacht zu wenig Schlaf bekommen hatte, merkte ich, wie meine Frau mich mitfühlend anschaute. Ich fragte: „Was denkst du?"

„Du siehst müde und ausgepowert aus", antwortete sie.

Mir fiel ein, wo ich diese Worte zuletzt gehört hatte und wollte den Gedanken lieber nicht weiterdenken …

Was macht man mit einem Menschen, der am Ende ist? Ich kann akzeptieren, dass ein Reifen manchmal nicht mehr aufgepumpt oder eine Batterie nicht mehr aufgeladen werden kann. Aber was ist, wenn das Problem uns selbst betrifft? Ernest Hemingway[27] schrieb einmal: „Früher oder später bricht jeder unter der Last der Welt zusammen, und die Zerbrochenen finden dort am meisten Stärkung, wo es viel Zerbrochenheit gibt." (Was zum Nachdenken.)

Manchmal stimmt das auch. Aber manchmal schreiben Leute wunderschöne Sätze und glauben, dass sie stimmen – oder hoffen, dass sie stimmen –, aber helfen tun sie trotzdem nicht. Hemingway selbst schleppte eine wahnsinnige Zerbrochenheit mit sich herum und brachte sich am Ende selbst ums Leben, weil der Schmerz zu groß war.

Wenn wir schwere Zeiten durchmachen, tut sich etwas in uns.

Lange haben Wissenschaftler geforscht, weshalb manche Leute besser mit Leid fertig werden. Dabei verschob sich etwa in den letzten zehn Jahren der Schwerpunkt. Anstatt zu fragen, wie Menschen sich durch schwere Zeiten durchwursteln, lautet die Frage nun, wie sie schwere Zeiten so ertragen können, dass sie am Ende sogar stärker sind als vorher.

Eine Auffassung besagt, dass schwere Zeiten zu Wachstum führen *können*. Eine andere Auffassung ist, dass die höchste Wachstumsstufe *ohne* schwere Zeiten sogar gar nicht erreicht werden kann. Wahrscheinlich gibt es nichts, das fürs persönliche Vorwärtskommen so förderlich ist wie schwere Zeiten.

Dennoch bringen schwere Zeiten nicht automatisch Wachstum mit sich. Sie können Menschen auch kaputtmachen; es kommt total darauf an, wie man auf das Unglück reagiert. Jonathan Haidt beschreibt drei Wege, wie solches Wachstum entstehen kann. Ich passe sie hier ein bisschen an, füge noch einen vierten hinzu und schaue mir an, wie Gott uns in schweren Zeiten vorwärtsbringt.

1. Erst wenn du eine Herausforderung annimmst, siehst du, wozu du fähig bist (und auch andere!). **Diese Fähigkeiten hatten unbemerkt in dir geschlummert.**
Erst in schweren Zeiten finden wir heraus, aus welchem Holz wir eigentlich geschnitzt sind. So wie man erst sieht, was in einer Zahnpastatube steckt, wenn man auf sie draufdrückt. Viele Leute sagen: „Ich würde das nie überleben, was dieser Mensch durchmacht." Doch dann erleben sie dieselbe schlimme Situation und – oh Wunder – ihr Herz hört doch nicht auf zu schlagen. Das Leben geht weiter.

Wir wissen nicht, wozu wir fähig sind, bis wir uns einer Sache stellen müssen, die wir noch nie erlebt haben.

Ich kann nie garantieren, dass meine Situation so ausgeht, wie ich hoffe. Aber ich kann mir immer die Frage stellen: „Wie würde die Person, die ich als Vorbild habe, diese Situation angehen?"

Nirgends wird dieser Gedanke so deutlich gezeigt wie in der Bibel. Gott hätte Abraham in seiner vertrauten Heimatstadt Ur, Mose im Luxus des Palastes des Pharaos, Aaron in der Sicherheit der Menschenmenge lassen können. Er hätte Menschen von ihrer Not fernhalten können: David von Goliath; die drei Männer Schadrach, Meschach und Abed-Nego vom Feuerofen; Daniel von der Löwengrube; Elia von Isebel; Nehemia aus der Gefangenschaft; Jona von dem Wal; Johannes den Täufer von Herodes; Esther von ihrer Bedrohung; Jeremia von der Ablehnung durch andere und

★ Gott wirkt nicht, indem er die Situationen kreiert, die du willst – sondern Gott wirkt in schwierigen Situationen und kreiert *dich* damit so, wie er dich gedacht hat.

Paulus vom Schiffbruch. Doch das tat Gott nicht. Vielmehr benutzte er all diese Notsituationen, um diese Leute näher zu sich zu bringen. Er wollte in ihnen Geduld, Glaube und Hoffnung wecken.

Eine typische biblische Geschichte über den Umgang mit schweren Zeiten ist die Geschichte von Josef (der Josef im Alten Testament, im 1. Buch Mose). Am Anfang seines Lebens träumte Josef, wie alle sich vor ihm verbeugen. Dies wurde von der Tatsache unterstützt, dass er der Lieblingssohn seines Vaters war und die Brüder deshalb neidisch auf ihn waren. Dann wurde Josef von seinen eigenen Brüdern gekidnappt und arbeitete daraufhin als Sklave im Haus von Potifar. Josef verlor sein Zuhause, seine Sicherheit und seine Position als Lieblingssohn. Was blieb ihm noch? Er war in einem fremden Bett, in einem fremden Haus, in einem fremden Land, ohne Freunde, ohne Zukunftsperspektive und ohne Erklärung. Josef hatte jedoch eine Gabe – und diese Gabe veränderte alles.

In der Bibel heißt es: „Gott aber half ihm" (1. Mose 39,2).

Josef war nicht allein.

Was passiert mit einem Menschen, der alles verliert außer Gott? Und der dann merkt, dass Gott genug ist? Als kleiner, unnützer Ausländer spürt Josef die Nähe Gottes. So hatte er sie in seinem gemütlichen Elternhaus nie erlebt. Ströme von lebendigem Wasser fingen an, aus seinem Inneren zu strömen, denn Hoffnung entsteht aus dem Versprechen: „Für die, die Gott lieben, muss alles zu ihrem Heil dienen" (Römer 8,28). Gott wirkte nicht, indem er die Situationen kreierte, die Josef wollte, sondern Gott wirkte in schrecklichen Situationen und kreierte damit den *Josef*, den er sich wünschte.

Manchmal „zitieren" Leute einen Bibelvers – obwohl der gar nicht in der Bibel steht! Einer der „Verse", die am häufigsten falsch zitiert werden, lautet wie folgt: „Gott wird mir nicht mehr zumuten als ich tragen kann."

Wie bitte?

Soll das ein Witz sein? Wo steht denn so was? Armut, Völkermorde, Rassismus, Krieg – den Menschen wird doch permanent mehr zugemutet als sie tragen können!

Was *tatsächlich* in der Bibel steht, ist, dass uns keine Versuchung zugemutet wird, die über unsere Kraft geht (siehe 1. Korinther 10,13) – doch in diesem Vers geht es um Versuchungen, nicht um schwere Zeiten. Die Bibel verspricht nämlich *nicht*, dass wir nur so viel zugemutet bekommen, wie wir ertragen können. Ganz im Gegenteil, das einzig Sichere im Leben jedes Menschen ist der Tod – und der überfordert uns ganz definitiv! Jedoch werden wir nie in Situationen kommen, in denen *Gott* überfordert ist. Nichts – auch nicht der Tod – kann dich von Gottes Strom des lebendigen Wassers fernhalten.

Vielleicht bist du gerade in einer Situation (im Hinblick auf deine Freunde, deine Familie oder dein Geld), die du dir nicht gewünscht hast. Vielleicht würdest du dich am liebsten ins Bett legen, die Decke über den Kopf ziehen und aufgeben. Doch wenn du nicht aufgibst – wenn du im Rahmen deiner Möglichkeiten dein Bestes gibst – passiert *in dir drin* etwas Gutes. Und das ist viel Größer als alles, was *außen um dich herum* passiert.

Auch Jesus erlebte schwierige Zeiten – als er seinen Freunden sagte, dass sie, wenn sie Glauben haben, einem Berg befehlen können, ins Meer zu stürzen (siehe Markus 11,23). Wenn mein Blick auf den Berg gerichtet ist, werde ich von Angst getrieben. Wenn mein Blick jedoch auf Gott gerichtet ist, macht der Glaube mich lebendig. Wenn ich jedoch gar keinen Berg hätte, würde ich nie erfahren, dass ein solcher Glaube in mir steckt.

Deine Situationen – selbst die schönsten – gehen irgend-wann vorbei. Aber du – der Mensch, der du wirst – bleibst für immer.

2. Schwierige Zeiten können Beziehungen vertiefen.

Durch Schmerz und Leid können auf besondere Weise Herzen weich und Freundschaften tiefer werden. In ihrer Ausbildung zur Krankenschwester hatte Nancy eine Klassenkameradin, nennen wir sie mal Shelly. Sie war intelligent, charmant und hübsch – ein total beliebtes Mädel.

Shelly verliebte sich und heiratete einen jungen Mann – nennen wir ihn mal Steve. Er war Architekt, spielte Basketball und sah so gut aus, dass er auf die Titelseite einer Zeitschrift gepasst hätte. Sie hatten viel mehr gute Gene als einem Pärchen eigentlich zustehen. An ihrem Jungesellinnenabschied war Shelly jedoch traurig, weil etwas nicht stimmte: Sie hatte sich beim Tanken einen Fingernagel abgebrochen.

„Aber es geht schon", meinte sie in ihrem goldigen Südstaatler-Dialekt. „Steve hat gesagt, wenn wir verheiratet sind, muss ich nie wieder selbst tanken."

Solche Probleme will ich auch haben!

Das schrecklichste Ereignis des Tages – ein abgebrochener Fingernagel. Doch Lebensstürme haben es so an sich, dass sie irgendwann mal bei jedem aufkreuzen.

Als Shelly und Steve verheiratet waren, wünschten sie sich Kinder. Die Enttäuschung war groß, als Shelly jahrelang nicht schwanger werden konnte. Es tat ihnen weh zu sehen, wie andere einen Kinderwagen vor sich herschoben, und zu hören, wie sie sich über die schlaflosen Nächte mit dem Baby beklagten. Wie sehr hätten die beiden sich gewünscht, nachts auch von Babygeschrei wachgehalten zu werden!

Endlich wurde Shelly doch schwanger und brachte ein kleines Mädchen zur Welt.

Einen Monat später wurde Steve beim Basketballspielen verletzt und verlor das Bewusstsein. In der Notaufnahme warf der Arzt einen einzigen Blick auf die Röntgenbilder und wurde bleich: „Bewegen Sie sich nicht; atmen Sie nicht zu tief ein; denken Sie bitte noch nicht mal einen tiefen Gedanken", sagte der Spezialist zu Steve.

Das Pflegepersonal legte ihm einen Streckverband an und ließ einen Chirurgen einfliegen. Dieser erklärte Steve, er hätte querschnittsgelähmt oder tot sein können, wenn er nur geniest oder sich falsch bewegt hätte. Auch die Operation war noch lebensgefährlich für Steve.

Doch er starb nicht – die Operation war erfolgreich.

Wieder einen Monat später rief Shelly in der Klinik an und erzählte Steve, dass sie wieder schwanger war. Dieses Kind war nicht geplant gewesen. Ein paar Wochen später rief sie erneut an und konnte die ersten 30 Sekunden lang gar nicht sprechen, so sehr wurde sie vom Weinen geschüttelt.

Das Ungeborene war untersucht worden. Dabei war herausgekommen, dass es einen schweren Herzfehler und schlimme Hirnschäden hatte. Viele Freunde von Steve und Shelly hatten total schlecht auf diese Nachricht reagiert. Manche sagten: „Euer Baby wird geheilt. Gott hat uns das gesagt. Ihr müsst nur genug Glauben haben. Wir beten – ihr könnt einfach abwarten."

Steve und Shelly warteten. Sie beteten. Das Baby wurde nicht geheilt. Alle Prognosen der Ärzte trafen ein.

Andere sagten: „Die Leute beobachten euch, ihr seid Vorbilder. Ihr dürft nicht weinen. Ihr dürft nicht so traurig aussehen. Zeigt, wie viel Glauben ihr habt."

Und jemand anders sagte sogar: „Gott muss euch besonders lieb haben, wenn er euch ein behindertes Kind schenkt." Diese Antwort war für die beiden sehr schlimm.

Wenn Steve und Shelly an dieser Stelle selbst von ihrem Leben erzählen würden, dann würden sie schreiben, dass ihr kleines Baby ihnen kostbarer ist, als sie je mit Worten sagen könnten. Sie würden schreiben, dass sie durch diesen Schmerz gewachsen sind.

Aber sie würden auch schreiben, dass sie all ihre Wachstumsschritte sofort zurückgeben würden, wenn ihr Kind dafür gesund und heil werden würde.

Einen Verlust kann man nicht so einfach überwinden. Hoffnung bedeutet nicht, dass so schnell wie möglich wieder Friede, Freude, Eierkuchen herrschen soll. Hoffnung bedeutet, dass Gott in unserer Traurigkeit zu uns kommt; er teilt die Traurigkeit mit uns. In diesem geteilten Leid finden wir Liebe. „Weint mit den Traurigen", sagt Paulus (Römer 12,15). Diese Liebe, die wir im geteilten Leid und in der zerbrochenen Seele erleben, ist unvergleichlich.

Ganz oft passiert es Leuten, die ganz schlimme Traurigkeit durchstehen müssen, dass sie plötzlich andere Menschen mehr wertschätzen. Diese verrückte Erfahrung erzählen oft Leute, die eine schwere Krankheit haben. Sie finden es furchtbar, dass ihr Körper von dieser Krankheit zerfressen wird, doch ihnen wird auf einmal klar, wie wichtig andere Menschen sind. Sie verschwenden keine Zeit und keine Gefühle mehr an Sachen, die gar nicht zählen.

In Traurigkeit und Schmerz kommt Gott zu uns. Und weil Gott unsere Traurigkeit und unseren Schmerz teilt, mischt sich nach und nach ein bisschen Hoffnung mit hinein.

Wir klammern uns aneinander, und die Liebe wird nirgendwo sonst so sichtbar wie im geteilten Leid und in der zerbrochenen Seele.

Als junge Frau wurde Joni Eareckson Tada[28] querschnittsgelähmt und sitzt nun schon seit Jahrzehnten im Rollstuhl. Sie würde dir erzählen, dass sie sich jeden Tag wünscht, laufen zu können. Sie würde dir auch erzählen, dass sie Gott erlebt hat und andere Menschen ins Herz geschlossen hat, wie es ohne den Rollstuhl wahrscheinlich nie möglich gewesen wäre. Gott hat sie gebraucht, um Tausende von Menschen zu inspirieren, und auch das ging nur durch den Rollstuhl. Der Rollstuhl ist eigentlich ein Fluch. Und trotzdem dankt sie Gott dafür.

3. Schwierige Zeiten können deine Sicht der Dinge verändern. Du merkst, worauf es wirklich ankommt.

Ein Freund von mir, Bill Dallas, hat ein Buch geschrieben mit dem Titel: „Lessons from San Quentin" (dt: „Was ich von San Quentin gelernt habe")[29]. Es geht in dem Buch darum, wie sein absoluter Tiefpunkt im Leben zum Wendepunkt wurde. Bills Lebensziele bestanden aus Geld, Besitz, Erfolg, Schönheit, Spaß und Partys – und er war gut in all diesen Sachen. Jedoch machte er ein paar verhängnisvolle Fehler und ließ sich zu ein paar unehrlichen Geschäften hinreißen, woraufhin er im Gefängnis landete. Dort geschah allerdings etwas total Merkwürdiges.

Er lernte Gott kennen. Bill stieß auf eine Gruppe von Männern, die lebenslänglich im Gefängnis saßen und genau dort zu Gott gefunden hatten. Mehr noch: Diese Knastbrüder hatten einen tieferen Frieden in sich und erlebten ein stärkeres Gemeinschaftsgefühl als die allerreichsten Leute, die Bill draußen kennengelernt hatte. Diese Männer wurden immer mehr zur besten Version von sich selbst.

Genauso wie Gott mit Josef war, als er im Knast saß, konnte auch Bill im Gefängnis die Erfahrung machen, dass Gott bei ihm war. Bill sagt, wenn er kurz vor seinem Tod noch einen Ort auf der Welt sehen möchte, der für ihn Bedeutung hat, dann ist es nicht der Eiffelturm, nicht die Chinesische Mauer und nicht Disneyland. Es wäre die Gefängniszelle, in der er Gott kennengelernt hat.

Das Leid hilft uns zu erkennen, wie dumm es ist, Sachen nachzujagen, die nur von kurzer Dauer sind. Und wenn ein Mensch leidet, nimmt er sich oft vor, nicht mehr ins alte Denkschema zu verfallen, wenn sein Leben wieder in normalen Bahnen verläuft. Der Knackpunkt ist aber, dass man handeln muss, bevor wieder Normalität herrscht. Uns allen steht also nur ein kurzes „Zeitfenster" zur Verfügung, in dem wir Veränderungen vornehmen können, danach fallen wir einfach wieder in unser altes Verhaltensmuster zurück. Bill änderte seinen Lebensstil, seine Freunde, seine Gewohnheiten – und das, was er zu seinem Gott erklärt hatte. Als er dann aus dem Gefängnis entlassen wurde, normalisierte sich sein Leben wieder – aber seine Werte und die ganze Ausrichtung seines Lebens hatte er schon *vorher*, also rechtzeitig, verändert.

Letzten Endes können schwierige Zeiten uns Hoffnung geben, weil es eine Wirklichkeit gibt, die viel größer ist als du und ich.

Diese Wirklichkeit heißt: Gott ist ein Gott, der rettet.

4. Schwierige Zeiten zeigen uns die Hoffnung, die größer ist als unser Leben.

Warst du schon mal in einem Spielcasino? Es ist schon cool, so ein Raum voller Skee-Ball-Tische, Pop-A-Shot-Wurfmaschinen, Whac-A-Mole-Spiele, Geschicklichkeitsspiele wie *Claw Machine* und wie sie noch alle heißen. Es hat was, wenn die Taschen voller Spielmarken oder Münzen sind und du wie ein Verrückter rumrennst, um hohe Punktzahlen zu erreichen und deine Freunde auszustechen.

Doch die besten Spielhallen sind die, die Marken ausgeben! Du kannst rumlaufen und den Leuten zuschauen, die bereits spielen, um herauszufinden, welche Spiele die besten Chancen bieten. Du willst ja nicht nur zwei oder drei Marken gewinnen, sondern am liebsten einen ganzen Stapel Münzen. So viele Marken, dass du sie mit zwei Händen festhalten musst; so viele Marken, dass du kaum noch eine Münze für das nächste Spiel aus der Hosentasche kramen kannst.

Das Ziel ist natürlich nicht, die Spielhalle mit einer Tasche voller Marken zu verlassen, oder? Irgendwo in der Spielhalle ist eine große Glasplatte, unter der ein Riesenhaufen Plastikspielzeug liegt. Die meisten Spielzeuge sind weniger als 50 Cent wert. (Außer du hast 17 Millionen Marken angehäuft und bekommst den „Preis", der unter dem kleinen Fernseher in der Ecke angegeben ist.)

Darum nimmst du deine Marken und gibst sie dem Typen hinter dem Schalter. *Eingelöst.* Hier tauschst du deine Marken gegen den Preis ein, den du möchtest.

Gott wartet schon seit dem Anfang aller Zeiten – er schaut, leidet, liebt –, bis er seinen einzigen Sohn sandte, als die Zeit reif war. Er schickte ihn zur Einlösestelle auf einem Hügel namens Golgatha. Was will Gott einlösen? Was will er erlösen? *Alles.* Die ganze Schöpfung sehnt sich nach Erlösung, sagt Paulus (nach Römer 8,22). Gott will dich „einlösen". Wenn dich dein Leben deprimiert, wenn deine Noten schlechter werden oder dein Selbstbewusstsein im Keller ist oder deine Clique schrumpft oder deine Familie zusammenbricht, dann fragst du dich vielleicht: *Geht auch irgendwas bergauf?*

Ja.

Auch wenn Vertrauen nicht leicht ist, steht dir immer diese Möglichkeit offen: Du kannst Gott vertrauen. Die Aussicht, einer verzweifelten Welt Hoffnung zu geben, ist gigantisch. Und die Möglichkeit, einen Glauben zu bekommen, der Stürme übersteht, wird immer größer. Denn es gibt ein paar Tatsachen, die sich nie ändern: Gott ist größer, Gnade besiegt die Sünde, Gebete werden erhört, die Bibel hat Bestand, das Kreuz zeigt noch immer die Kraft von opferbereiter Liebe, das Grab ist noch immer leer und das von Jesus angekündigte Reich breitet sich noch immer aus, ohne dass es je eine Rettungsaktion von uns Menschen braucht.

Gott ist noch immer in der Erlösungsbranche aktiv. Er spezialisiert sich jetzt darauf, etwas sehr, sehr Gutes aus etwas sehr, sehr Schlechtem zu machen.

Teil 7

» Rausfließen in die Welt

Kapitel 19

» Bitte um einen Berg

Große Firmen geben Millionen aus, um das perfekte Logo zu finden, das einprägsam und überzeugend ihre Produkte darstellt. Das Logo von *Nike* ist zum Beispiel ein kleines Häkchen, das auf den Namen „*Swoosh*" hört. Es ist ursprünglich eine stilisierte Version des Flügels der griechischen Statue der Siegesgöttin Nike. Das Wort „Nike" kommt vom griechischen Wort für „Sieg". Ihr Logo ist ein *Swoosh*; ihre Marke ist *Erfolg*.

Das Logo von Apple ist, hm, halt ein Apfel. Im Internet kursiert die Geschichte, dass sich das Logo auf den biblischen Baum der Erkenntnis bezieht, aber das kann genauso gut eine moderne Sage sein. Auf jeden Fall ist das Logo das stärkste Sinnbild aller Zeiten für die Verschmelzung von Technologie und Information geworden. Ihr Symbol ist ein Apfel; ihre Marke ist *Intelligenz*.

Das Logo von McDonald's gehört zu den weltweit bekanntesten Marken – die goldene Möwe. Auf allen Kontinenten steht dieses Logo für Spaß und Erfüllung, man bekommt ein „Happy Meal". Ihr Symbol ist ein riesiges gelbes „M"; ihre Marke ist *Vergnügen*. Wenn du ein Logo für dein Leben aussuchen dürftest, was wäre das?

Die drei genannten Logos sind auf der ganzen Welt bekannt, aber keines ist das allerbekannteste Logo der Welt. Es gibt ein Symbol, das schon seit Jahrhunderten existiert. Man findet es auf Grabsteinen und T-Shirts, in Kapellen und an Ketten – und an unzähligen anderen Stellen.

Das Kreuz.

Weil es das Kreuz schon so lange gibt, denken die Leute nicht mehr über seine Bedeutung nach. Viele betrachten es als ein normales Schmuckstück. Es gibt eine Geschichte von einer Frau, die in ein Juweliergeschäft geht und ein Kreuz kaufen möchte. Der Verkäufer fragt sie: „Suchen Sie ein leeres Kreuz oder eins mit einem kleinen Mann dran?"

Das Kreuz war nicht leer.

Das Kreuz stellt eine grausame Hinrichtungsmethode dar – die Kreuzigung. Es wurde von den Persern erfunden, von Alexander dem Großen weiterverbreitet und von den Römern perfektioniert. Es war ein Mittel, um Rebellion im Volk einzudämmen. Es sollte schmerzhaft und demütigend sein.

Jesus hat selbst gesagt: „Wer mir folgen will, muss sich und seine Wünsche aufgeben, sein Kreuz auf sich nehmen und auf meinem Weg hinter mir hergehen" (Matthäus 16,24). Genau dieses Bild wurde später zum Symbol für die Leute, die zu Jesus gehören.

Ist doch ganz schön seltsam, oder? Eine winzige Gruppierung namens „Christen" kämpft gegen gigantische Widerstände und will anziehend auf die Leute wirken – und trotzdem wählen sie ein Symbol für ihre Botschaft, das in keinster Weise Erfolg, Klugheit, Vergnügen oder Macht darstellt. Sie wählen ein Symbol, das überall auf der Welt für Niederlage, Versagen und Tod steht.

Welche Firma würde sich je eine Hinrichtungsmethode als Logo aussuchen? Stell dir vor, ein Stromanbieter bekommt von einer Werbeagentur folgenden Vorschlag als Firmenlogo: Ein kleiner elektrischer Stuhl, unter dem als Blickfang der nette Slogan steht: „Der Strom ist an."

Als Jesus seine Nachfolger aufforderte, ihr „Kreuz auf sich zu nehmen", war das keine Aufforderung zur Vernichtung. Es war eine Aufforderung, etwas Großes zu tun, nämlich dazu, zu lieben und dabei Opfer zu bringen. Den Menschen wurde etwas angeboten, für das es sich lohnte zu leben und zu sterben, und das es wert ist, zum Leben zurückgebracht zu werden. Gott versöhnte alle Dinge mit sich selbst. Das Böse, die Sünde, der Tod und die Schuld sollten rausgeschmissen werden.

Das Kreuz war nicht leer. Es hing ein Mann daran.

Jetzt haben du und ich etwas, wofür es sich lohnt zu leben und zu sterben, und das es wert ist, zum Leben zurückgebracht zu werden – und es ist mehr als Erfolg, Klugheit, Vergnügen oder Macht. Der Gott des Kreuzes erneuert und erschafft alle Lebewesen, damit sie das wahre, echte Leben haben können, und zwar durch die Macht seiner opferbereiten Liebe.

Und wir dürfen bei der Umsetzung dieses Plans mitwirken!

Bitte Gott um eine grandiose Herausforderung

Manchmal wünschen wir uns ein problemfreies Leben. Aber ein problemfreies Leben würde uns zu Tode langweilen. Nur wenn wir Probleme lösen und Herausforderungen bestehen, werden wir zu dem Ich, das Gott sich ausgedacht hat. Jedes Problem ist eine Einladung des Heiligen Geistes an uns. Und wenn wir Ja sagen, sind wir schon angekoppelt an die Quelle.

Bitte nicht um Bequemlichkeit. Bitte nicht um problemfreie Zonen. Bitte nicht um Machbarkeit. Bitte Gott um die Vision für eine Aufgabe, die dein Denken sprengt – eine Aufgabe, die die Welt verändert und die deinen vollen Einsatz erfordert (wobei du noch ein bisschen Platz für Gott freihalten solltest). Bitte um eine Aufgabe, bei der du immer weiter lernen und wachsen musst; bei der du aktiv und hungrig bleibst.

Wachsen können wir nur durch Aufgaben, bei denen wir das Bekannte und Bequeme verlassen. Der Heilige Geist führt uns ins Abenteuer. Er bringt uns in eine gefährliche Welt. Sich auf den Geist Gottes einzulassen bedeutet, sich auf ein Risiko einzulassen.

Ein Freund unserer Familie beschloss irgendwann, offiziell seinen Namen zu ändern. Genauer gesagt wollte er seinen Vor- und Nachnamen behalten, jedoch einen zweiten Vornamen hinzufügen: *Danger*, das bedeutet „Gefahr". (Ernsthaft! Es ist eine wahre Geschichte, ich hab die Unterlagen selber gesehen – obwohl jeder meint, dass das eine Art Mr Bean-Witz sei.) Dieser Freund hatte das Gefühl, sein ganzes Leben lang ein unauffälliger, durchschnittlicher Sicherheitstyp gewesen zu sein und wollte sich nun eine neue Identität schaffen. Die Namensänderung war sein erster Schritt.

So eine Namensänderung erfordert viele juristische Schritte und dieser Freund von uns musste mehrmals zum Gericht. Am Tag seines letzten Gerichtstermins war er der Letzte auf der Prozessliste. In einem der vorangehenden Fälle hatten sich zwei Leute gegenseitig verklagt – und sie wurden bei der Verhandlung so aggressiv, dass sie aus dem Gerichtssaal entfernt werden mussten.

Für unseren Freund ging alles gut aus, der Richter genehmigte die Namensänderung. Als er jedoch zur Tür hinausging, hielt ihn ein Gerichtsdiener an. „Passen Sie auf", sagte er. „Die zwei Männer, die rausgeschmissen wurden, kloppen sich jetzt auf dem Parkplatz. Da ist es gerade etwas gefährlich."

Unser Freund erkannte die fantastische Gelegenheit und zeigte dem Gerichtsdiener seine Unterlagen. „Das macht nichts", meinte er. „Mit zweitem Namen heiße ich ,Danger'."

Der Geist will aus dir einen gefährlichen Menschen machen. Er möchte, dass du allen Mächten der Bosheit, Ungerechtigkeit und Faulheit drohst, die das echte, wahre Leben in unserer Welt blockieren. Der Heilige Geist will dich in dieser kaputten Welt zu einem Menschen machen, der gefährlich und rebellisch ist.

Bitte Gott um eine grandiose Herausforderung.

Deine Herausforderung finden

Nach Israels Auszug aus Ägypten gehörte Kaleb zu den zwölf Spionen, die für das Volk Israel das Gelobte Land auskundschaften sollten. Als die Spione zurückkamen, sagten zehn von ihnen, dass diese Aufgabe unmöglich zu schaffen sei und dass sie lieber nach Ägypten in die Sklaverei zurückgehen wollten (siehe 4. Mose 14,3–4). Nur Kaleb und Josua vertrauten auf Gott und sagten: „Wir können das Land sehr wohl erobern!" (4. Mose 13,30).

Weil Kalebs Volk so misstrauisch war, musste Kaleb 40 Jahre seines Lebens durch die Wildnis wandern. Als die Israeliten schließlich den Jordan überqueren durften, war Kaleb schon 80 Jahre alt. Dann dauerte es noch mal fünf Jahre, bis jedem Stamm ein Gebiet zugeteilt wurde. Später beschrieb Kaleb es so:

„Ich war damals 40 Jahre alt, und Mose … hatte mir den Auftrag gegeben, von dort aus das Land zu erkunden. Als ich zurückkam, berichtete ich darüber so, wie es meiner Einsicht entsprach. Die Männer, die mit mir das Land erkundet hatten, machten dem Volk Angst; aber ich ließ mich nicht beirren und habe dem Herrn, meinem Gott, vertraut" (Josua 14,7–8).

Wenn man mit 40 negativ eingestellt und skeptisch ist, ist die Wahrscheinlichkeit hoch, dass man mit 85 nicht mehr negativ eingestellt und skeptisch ist, weil man es mit sehr hoher Wahrscheinlichkeit gar nicht mehr bis 85 schafft.

Der Psychologe Martin Seligman[30] stellte mal eine Untersuchung in einer religiösen Gemeinschaft an. Er teilte die mehrere Hundert Mitglieder zählende Gemeinschaft in vier gleiche Teile ein, von „extrem optimistisch bzw. glaubensstark" bis „fast gar nicht optimistisch bzw. glaubensstark". Er fand heraus, dass 90 Prozent der extrem optimistischen bzw. glaubensstarken Leute mit 85 noch am Leben waren. Hingegen erreichten nur noch 34 Prozent der negativ eingestellten, pessimistischen Leute dieses Alter.

In einer anderen Studie – die größte ihrer Art – wurden in den USA mehr als 2.000 Personen über 65 Jahre untersucht[31]. Optimistische Leute – gläubige Leute – hatten eine gesündere Lebensweise, einen niedrigeren Blutdruck, ein stärkeres Immunsystem und die Wahrscheinlichkeit, innerhalb des nächsten Jahres zu sterben, war bei ihnen halb so groß wie bei den negativ eingestellten Leuten. Wenn du eine positive Einstellung hast, lebst du wahrscheinlich zehn Jahre länger als Leute mit einer negativen Einstellung. Hörst du das gern? Falls diese Info dir Bauchschmerzen bereitet, hast du möglicherweise ein echtes Problem.

Zwölf Spione waren losgezogen, aber echten Glauben hatten nur Josua und Kaleb. „Wir können das!", sagten sie. „Auf geht's!" Doch die anderen zehn sagten: „Das schaffen wir niemals! Lieber gehen wir zurück nach Ägypten und werden wieder Sklaven." 45 Jahre danach hatte Kaleb noch genauso viel Power wie früher. Und rate mal, was bis dahin mit den anderen zehn Kundschaftern passiert war. Sie waren alle gestorben. Keiner hatte Kalebs Alter erreicht.

Der Glaube ist ein unglaublicher Lebensspender.

Es gab mal eine Frau namens Evelyn Brand[32]. Als junge Frau spürte sie, dass Gott sie in Indien gebrauchen wollte. Als Single im Jahre 1909 war das etwas Ungeheuerliches, etwas, für das man tonnenweise Glauben und genauso viel Entschlossenheit brauchte. Sie heiratete dann einen jungen Mann namens Jessie. Gemeinsam begannen die beiden eine Missionsarbeit unter der ländlichen Bevölkerung in Indien. Sie sorgten für Bildung und medizinische Versorgung und bauten Straßen, damit diese in Armut lebenden Menschen nicht mehr so von der Welt abgeschnitten waren.

In den ersten sieben Jahren ihrer Arbeit fand kein einziger Mensch zum Glauben an Jesus. Doch dann bekam ein Priester einer Stammesreligion schlimmes Fieber, er wurde sterbenskrank. Niemand traute sich mehr in seine Nähe, doch Evelyn und Jessie pflegten ihn, bis er starb. Vor seinem Tod sagte der Priester: „Dieser Gott, Jesus, muss der wahre Gott sein, weil sich nur Jessie und Evelyn in meiner Stunde des Todes um mich kümmern."

Der Priester vertraute ihnen seine Kinder an, sie sollten nach seinem Tod für sie sorgen. Das wurde, geistlich betrachtet, zum Wendepunkt in dieser Region. Die Leute befassten sich ernsthaft mit dem Leben und der Lehre von Jesus, immer mehr Menschen schenkten Jesus ihr Herz. Evelyn und Jessie arbeiteten noch 13 Jahre lang erfolgreich weiter, dann starb Jessie. Zu diesem Zeitpunkt war Evelyn 50 Jahre alt und jeder erwartete, dass sie jetzt nach England, in ihre Heimat, zurückkehren würde. Das wollte sie jedoch nicht. Sie hatte den gleichen Mut und Tatendrang wie Kaleb.

In der ganzen Umgebung war sie bekannt als „Granny Brand", als Oma Brand, jeder liebte sie. Sie blieb noch 20 Jahre in Indien. Ihr leiblicher Sohn Paul kam nach Europa, als sie 70 Jahre alt war und sagte über seine Mutter: „So ist das Altwerden schön. Alle anderen Dinge dürfen von dir abfallen, bis die Menschen um dich herum nur noch Liebe sehen."

Tu was Schwieriges

Kalebs Wunsch nach Herausforderungen war sowohl Gottes Geschenk an ihn als auch sein Geschenk an Gott. Als er sich darauf vorbereitete, ins verheißene Land zu ziehen, sagte Kaleb:

Sieh mich an! Ich bin 85 Jahre alt und bin noch genauso stark wie damals, als Mose mich ausschickte, und kann noch ebenso gut in den Krieg ziehen. Darum gib mir nun als meinen Anteil das Bergland, von dem der Herr gesprochen hat. Du weißt noch von damals, dass dort die Anakiter in großen, stark befestigten Städten wohnen. Vielleicht steht der Herr mir bei, sodass ich sie vertreiben kann; er hat es mir ja zugesagt (Josua 14,10–12).

Bergland ist viel schwieriger zu erobern als Flachland. Doch genau darum bat Kaleb – er wollte die größte Herausforderung. Er musste gegen die Anakiter kämpfen, die gewaltigsten Feinde Israels, von denen die anderen Spione gesagt hatten: „Die Anakiter, die wir getroffen haben, sind Riesen. In deren Augen waren wir klein wie Heuschrecken" (4. Mose 13,33; Hfa).

Kaleb wollte die stärksten Gegner – im gefährlichsten Gebiet.

Man sollte meinen, ein 85-Jähriger würde um eine hübsche Eigentumswohnung im Halleluja-Seniorenheim bitten. Doch Kaleb wollte die Ehre bekommen, eine unglaublich schwierige Aufgabe zu meistern. Vor der Rente wollte er noch mal so richtig kämpfen. *Herr, gib mir das Bergland.*

„Herr, gib mir das Bergland!"

Gott hat uns so geschaffen, dass unser Körper, unser Verstand und unsere Seele Herausforderungen brauchen. Echtes, wahres Leben erreichen wir vor allem dann, wenn wir Aufgaben übernehmen, die größer sind als wir selbst. Wir erleben den Strom des Heiligen Geistes am stärksten, wenn wir uns auf Aufgaben konzentrieren, die unsere Welt besser machen, und wenn wir aufhören, auf unseren eigenen Erfolg bedacht zu sein.

Nach dem Tod von Mose wurde Josua – der neben Kaleb der andere optimistische Kundschafter gewesen war – zum neuen Anführer des Volkes Israel. Da hätte Kaleb sich schmollend verziehen können. Stattdessen krempelte er die Ärmel hoch und half den Leuten um sich herum.

Wenn wir Herausforderungen annehmen, um anderen zu helfen, werden wir innerlich stärker mit ihnen verbunden. Wenn wir nur unseren eigenen Erfolg suchen, bringt das Isolation und Einsamkeit – Isolation ist sogar tödlich.

Marian Diamond[33], eine superschlaue Forscherin zum Thema „Altern", die an der kalifornischen Universität in Berkeley arbeitet, hat herausgefunden, dass gezielte Herausforderungen notwendig sind, um unser Gehirn fit zu halten. In einem Experiment bekam die erste Gruppe von Ratten das Fressen direkt vorgesetzt, während bei der zweiten Rattengruppe Hindernisse vor dem Futter aufgebaut wurden. Bei den Ratten, die Hindernisse überwinden mussten, entwickelte sich das Gehirn viel besser. Sie fanden sich in Irrgärten besser zurecht als die faulen Ratten. Je weniger Probleme eine Ratte hatte, desto schneller ging es mit ihrem Gehirn bergab. (Wenn du also eine Ratte magst, gib ihr Aufgaben, die sie lösen soll.)

Diamond wollte auch die Auswirkungen von Isolation und Einsamkeit hinsichtlich des Älterwerdens untersuchen. Sie fand Folgendes heraus: Bei den zwölf Ratten, die gemeinsam in einem Käfig waren – eine kleine Rattengemeinschaft – und Aufgaben lösen sollten, entwickelte sich das Gehirn besser als bei Ratten, die einzeln, also in totaler Isolation, Aufgaben lösen mussten. Dann wollte Diamond sehen, wie sich das bei älteren Ratten verhält: Sie nahm dazu Ratten, die mindestens 600 Tage alt waren (vergleichbar mit einem 60-jährigen Menschen). Das Ergebnis war das gleiche.

Die Forscherin wurde eingeladen, ihre Ergebnisse in Deutschland vorzustellen. Auf der Reise fiel ihr auf, dass die Versuchsratten in Deutschland 800 Tage alt wurden. Sie zerbrach sich den Kopf darüber, denn ihre Versuchsratten starben bis zu 200 Tage früher. Deshalb sagte sie ihrem Forscherteam, dass die Ratten noch etwas zusätzlich bekommen sollten, was sie bis dahin nicht erhalten hatten: Liebe. Die Ratten mussten die gleichen Aufgaben lösen wie bisher; doch nach jeder Aufgabe nahmen die Wissenschaftler die Ratten auf ihre Hand, drückten sie an ihren Laborkittel, streichelten sie und sagten ein paar liebe Worte. Zum Beispiel: „Du bist eine ganz liebe, süße Ratte", oder was man halt so sagt, um ein kleines Nagetier aufzumuntern.

Als die Wissenschaftler den Laborratten Liebe schenkten, knackten diese Viecher sogar die 800-Tage-Grenze. Am 904. Tag lebten sie noch immer und zudem entwickelte sich ihr Gehirn weiter, selbst in diesem Alter.

„Hört mir zu, ihr Nachkommen Jakobs … Ich bleibe derselbe; ich werde euch tragen bis ins hohe Alter, bis ihr grau werdet. Ich, der Herr, habe es bisher getan, und ich werde euch auch in Zukunft tragen und retten." (Jesaja 46,3–4; Hfa)

Bequemlichkeit ist nicht unser Lebensziel. Das Ziel sollte sein zu sagen: „Herr, gib mir noch einen Berg, noch eine Herausforderung." Vielleicht so wie bei „Granny Brand". Vielleicht wie bei Kaleb. Vielleicht ist es eine Geschichte, die am Ende viele Leute mitbekommen – vielleicht auch nicht. Vielleicht wird auch keiner deine Geschichte kennen außer dir und Gott. Das ist egal.

Das Abenteuer zu leben, das Gott sich für uns ausgedacht hat – also der Mensch zu werden, als den Gott dich geschaffen hat –, das ist nicht ein Ziel unter vielen. Es ist der wahre Grund, warum du auf der Welt bist.

Es lohnt sich, dieses Ziel mehr als alles andere erreichen zu wollen.

Deinen Berg entdecken

Wie kannst du nun deinen Berg erkennen? Tja, dafür gibt es kein Patentrezept. Wie es in jedem Wachstumsbereich so ist, sieht dein Berg nie genauso aus wie der von jemand anderem. Doch oft kannst du deinen Berg daran erkennen, dass er die Dinge, die du am besten kannst, mit den Dingen kombiniert, die dir sehr am Herzen liegen. Eins ist total sicher: *Gott hat einen Berg, auf dem dein Name steht.*

Ich möchte dir die Geschichte eines Mannes erzählen, der Rich Stearns[34] heißt. Als er noch relativ jung im Glauben war, verlobte er sich. Seine Verlobte wünschte sich Porzellan, doch er sagte zu ihr: „Solange Kinder auf dieser Welt Hunger leiden, gibt es in unserem Haus kein Porzellan, kein Kristall und kein Silber." Als er dann volle Kanne ins Berufsleben einstieg und die ersten Stufen der Karriereleiter hochkletterte, wurde ihm klar, dass er große Führungsqualitäten hatte. Er liebte es, strategisch zu denken, Teams zusammenzustellen und hohe Ziele zu erreichen. Zwanzig Jahre später war er Geschäftsführer einer Firma namens *Lenox.* Und weißt du, was diese Firma produziert? Sie ist in den

USA Marktführer in Sachen Luxusgeschirr und feines Porzellan. Hmm.

Eines Tages bekam er einen Anruf von der Hilfsorganisation *World Vision*. Deren Auftrag ist es, Armut und Ungerechtigkeit in der Welt zu bekämpfen. Die Leute von *World Vision* fragten ihn, ob er sich vorstellen könne, seinen Job aufzugeben und stattdessen für sie zu arbeiten. Also machte sich Rich auf nach Uganda, einem afrikanischen Land, das stark unter der AIDS-Pandemie leidet. In einem der Dörfer saß er in einer strohbe-deckten Hütte mit einem 13-jährigen Jungen zusammen, der den gleichen Vornamen hatte wie er: Richard. Ein Steinhaufen vor der Tür markierte die Stelle, an der sie Richards Vater begra-ben hatten, der an AIDS gestorben war. Ein zweiter Steinhaufen markierte die Stelle, an der sie seine Mutter begraben hatten, die auch an AIDS gestorben war. Solche Sachen passieren in Afrika jeden Tag.

Rich redete eine Weile mit dem Jungen – der jetzt versuchte, seine zwei kleineren Brüder großzuziehen – und fragte ihn im Gespräch: „Hast du eigentlich eine Bibel?"

„Ja", sagte der Junge. Er ging in den anderen Raum und brachte das einzige Buch, das es in dieser Hütte gab.

„Kannst du sie auch lesen?", fragte Rich.

Die Augen des Jungen begannen zu leuchten. „Ich lese total gern das Johannesevangelium, weil da drinsteht, dass Jesus die Kinder liebt."

Genau. Wie es auch in einem Lied heißt: „Ja, Gott hat alle Kin-der lieb."[35] Jesus ist einfach unschlagbar! Er hat gute Nachrichten für einen 13-Jährigen, der in einer Strohhütte lebt, in der es we-der Mama und Papa mehr gibt. Nur Steinhäufchen.

Rich Stearns hängte seinen Job, sein Haus und seinen Titel an den Nagel und bat Gott um einen neuen Berg.

Das Logo von *World Vision* besteht aus dem Namen mit einem kleinen Farbfeld, in dessen Ecke ein leuchtender Stern ist. Der Stern erinnert mich daran, dass der Apostel Paulus die Leute auf-rief, in dieser oft so dunklen Welt zu „leuchten … wie die Sterne am nächtlichen Himmel" (Philipper 2,15). Dabei ist *World Vision* nur ein kleiner Teil einer viel größeren Vision, die am Anfang des Johannesevangeliums beschrieben wird: „Am Anfang war das Wort. Das Wort war bei Gott, und in allem war es Gott gleich ... Er, das Wort, wurde ein Mensch, ein wirklicher Mensch von Fleisch und Blut. Er lebte unter uns" (Johannes 1,1.14).

Was hier mit „Wort" übersetzt wird, ist das griechische Wort „logos". Davon leitet sich unser Begriff „Logo" ab.

Jesus ist Gottes Logo.

Es ist, als würde Gott sagen: „Ich will mein Bild, meinen Charakter, meine Darstellung, meinen Willen in einem einzigen Logo zusammenfassen. Das ist Jesus. Er ist das Nonplusultra."

Jesus ist Gottes Logo. Wenn du wissen willst, wie das Leben eines Menschen aussehen kann, aus dem Ströme von lebendigem Wasser herausfließen, schau dir Jesus an. Auf einem Berg namens Golgatha, an einem zersplitterten Kreuz, wurde die Sünde, die weggewaschen werden musste, und der Preis, der bezahlt werden musste, ein für alle Mal von Jesus beglichen.

Christen haben kein Programm, keinen Plan und auch kein Produkt, um der Welt zu helfen. Wir haben einen Retter. Wir verweisen nicht auf Erfolg, Klugheit, Vergnügen oder Macht. Wir zeigen auf ein Kreuz.

Was ist *dein* Logo?

Ich hab dir schon ein bisschen von Evelyn Brand erzählt. Jetzt kommt die Fortsetzung und das Ende ihrer Geschichte.

Aus der feurigen jungen Frau wurde eine liebe alte Dame, die von allen „Granny Brand" genannt wurde. Sie verbrachte ihr Leben in Indien, davon 20 Jahre lang als Witwe. Als sie 70 Jahre alt war, wurde sie von ihrer Missionsgesellschaft in England informiert, dass sie keinen neuen Fünfjahresvertrag mehr bekommen würde. Sie sei nun einfach zu alt.

Allerdings war sie auch dickköpfig.

Es wurde eine Abschiedsfeier in Indien für sie veranstaltet und jeder wünschte ihr alles Gute. „Gute Heimreise!", hieß es.

„Ich verrate euch ein kleines Geheimnis", verkündete Granny

Brand plötzlich. „Ich fahre nicht nach Hause. Ich bleibe in Indien."

Sie hatte sich eine kleine Hütte bauen lassen und dazu mit ein paar Tricks einige Materialien organisiert. Dann kaufte sie sich ein Pony, auf dem sie durch die Berge reiten konnte. So kam es, dass diese starke Frau mit über 70 Jahren von Dorf zu Dorf ritt, um den Leuten von Jesus zu erzählen. Sie tat das fünf Jahre lang ganz allein. Mit 75 fiel sie eines Tages von ihrem Pony herunter und brach sich die Hüfte. Ihr Sohn Paul, der mittlerweile ein bekannter Arzt war, sagte zu ihr: „Mama, du hast ein geniales Leben gehabt. Gott hat dich gebraucht. Jetzt ist die Zeit gekommen, alles abzugeben. Du gehst jetzt heim nach England."

„Nein, ich geh nicht heim nach England", entgegnete sie.

Herr, gib mir einen Berg!

Granny Brand ritt *noch 18 Jahre* auf dem Ponyrücken von Dorf zu Dorf. Nichts konnte sie aufhalten – kein Sturz, keine Gehirnerschütterung, keine Krankheit, keine Altersbeschwerden. Als sie 93 Jahre alt war, konnte sie schließlich doch nicht mehr reiten. Also bauten die Männer aus den Dörfern eine Bahre für Granny Brand, weil sie sie so gern hatten. Nun trugen sie die alte Dame von einem Dorf zum nächsten. Sie lebte noch zwei Jahre und gab diese Jahre als Geschenk weiter – von ihrer Bahre aus –, um den Ärmsten der Armen zu helfen. Dann starb sie. Doch sie begab sich bestimmt nicht in die ewige Ruhe. Vielmehr war ihr Tod wie ein Aufstieg ins nächste Leben.

Wenn Granny Brand ein Logo gehabt hätte, wäre das kein Bild für Erfolg, Intelligenz, Vergnügen oder Macht gewesen. Es wäre die Bahre gewesen, auf der sie die Berge hoch- und runtergetragen wurde und die letzten Monate ihres Lebens in opferbereiter Liebe verschenkte.

Ein ganz schön bemerkenswertes Logo!

★ ★ ★

Ich wünsche dir, dass deine tiefste Sehnsucht ist: quicklebendig mit Gott leben, das Ich werden, als das Gott dich gedacht hat, und dabei mithelfen, dass Gottes Welt aufblühen kann.

Dieses Leben steht dir jeden Augenblick zur Verfügung. Es ist das Leben, das wir in Jesus finden – bei dem Mann am Kreuz, der in seinem Tod die Sünde niedergekämpft und in einem Grab den Tod fertiggemacht hat. Jetzt schenkt er uns mit allergrößter Autorität das Leben. Genau jetzt, in diesem Moment, steht es dir zur Verfügung – egal, in welcher Situation du gerade bist. Genau jetzt wirkt Gott in dir und er möchte dich nicht nur zu seinem Diener machen, sondern du sollst sein Freund sein. Aus deinem Inneren sollen Ströme lebendigen Wassers fließen. Gott mit dir!

Bitte um einen Berg.

» Quellenverweise

Kapitel 2:
[1] Henri Nouwen: *Can You Drink the Cup?* (Notre Dame, In: Ave Maria Press, 1996), S. 89
[2] Vergleiche: http://www.mamas-truhe.de/lieder/wenn-du-froehlich-bist.html (Zugriff am 20.03.2011)
[3] Gordon MacKenzie: *Orbiting the Giant Hairball: A Corporate Fool's Guide to Surviving with Grace* (New York: Viking, 1998), S. 19
[4] Irenäus: *Adversus Haereses*

Kapitel 5:
[5] Roy Baumeister, M. T. Gailliot, N. L. Mead und R. F. Baumeister: „Self-Regulation", in: *Handbook of Personality: Theory and Research*, 3. Ausgabe von O. P. John u. a. (New York: Guilford Press, 2008), S. 427–491

Kapitel 6:
[6] Jonathan Haidt: *Die Glückshypothese: Was uns wirklich glücklich macht* (Kirchzarten bei Freiburg: VAK-Verlag, 2007)

Kapitel 7:
[7] Jeffrey Schwartz und Sharon Begley: *The Mind and the Brain: Neuroplasticity and the Power of Mental Force* (New York: Harper Perennial, 2003), S. 325

Kapitel 9:

[8] Edward M. Hallowell: „A Test to Worry About", in: *Worry: Hope and Help for a Common Condition* (New York: Ballantine Books, 1998), S. 79–83

[9] Edward M. Hallowell: „Never worry alone", in: *Worry: Hope and Help for a Common Condition*, xxiii

Kapitel 10:

[10] Shel Silverstein: *A Light in the Attic* (New York: HarperCollins, 1981)

Kapitel 12:

[11] *USA Today*: aus einer Artikelserie vom Februar 2003, siehe: http://www.usatoday.com/sports/ten-hardest-splash. htm (Zugriff am 20.03.2011)

[12] Cornelius Plantinga: *Not The Way It's Supposed to Be: A Breviary of Sin* (Grand Rapids: Eerdmans, 1995), ix

[13] Michael Mangis: *Signature Sins: Taming Our Wayward Hearts* (Downers Grove, IL: InterVarsity Press, 2008)

[14] Richard Rohr und Andreas Ebert: *Das Enneagramm: Die 9 Gesichter der Seele* (München: Claudius, 2009[45])

Kapitel 13:

[15] Carol Tavris und Elliot Aronson: *Ich habe recht, auch wenn ich mich irre* (München: Riemann, 2010)

[16] David Marcum und Steven Smith: *Egonomics: What Makes Ego Our Greatest Asset (or most Expensive Liability)* (New York: Simon & Schuster/Fireside, 2008), S. 41

[17] Frank Laubach: persönlich erzählt von Dallas Willard

Kapitel 15:

[18] Donald Winnicott: *The Maturational Processes and the Facilitating Environment* (London: Hogarth Press, 1960)

[19] Robert Putnam: *Bowling Alone: The Collapse and Revival of American Community* (New York: Simon & Schuster, 2000), S. 332

Kapitel 16:

[20] vgl. Matthäus 14,28–31; Johannes 18,10; Johannes 13,36–38 und 18,15; Matthäus 16,22–23

Kapitel 17:

[21] George Bernard Shaw: unbekannte Quelle

[22] Jill B. Taylor: *Mit einem Schlag* (München: Knaur, 2008)

[23] Daniel Goleman: *EQ. Emotionale Intelligenz* (München: Deutscher Taschenbuch Verlag, 1997)

[24] Charles Lamb: unbekannte Quelle

Kapitel 18:

[25] Jonathan Haidt: *Die Glückshypothese*

[26] Robert C. Roberts: *Spiritual Emotions: A Psychology of Christian Virtues* (Grand Rapids: Eerdmans, 2007), S. 148ff

[27] Ernest Hemingway: unbekannte Quelle

[28] Joni Eareckson Tada: *Joni – Die Biographie* (Asslar: Gerth Medien, 2009); und *Der Gott, den ich liebe* (Holzgerlingen: Hänssler, 2004)

[29] Bill Dallas: *Lessons from San Quentin: Everything I Needed to Know about Life I Learned in Prison* (Wheaton, IL: Tyndale, 2009)

Kapitel 19:

[30] Martin Seligman: *Authentic Happiness: Using the New Positive Psychology to Realize Your Potential for Lasting Fulfillment* (New York: Simon & Schuster/Free Press, 2002), S. 4

[31] „Faith-filled people": Seligman: *Authentic Happiness*, S. 40ff

[32] Über „Granny Brand": Paul Brand und Philip Yancey, hrsg. von Alfred Salomon: *Du hast mich wunderbar gemacht* (Stuttgart, Bonn: Burg-Verlag, 1984)

[33] Marian Diamond: „Optimism about the Aging Brain", in: *Aging Today*, (Mai–Juni 2008), siehe http://asaging.org/at/at-193/diamond.html (Zugriff am 20.03.2011)

[34] Rich Stearns: *The Hole in Our Gospel: What Does God Expect of Us? The Answer That Changed My Life and Might Just Change the World* (Nashville: Thomas Nelson, 2009)

[35] Text und Melodie: Margret Birkenfeld, aus: *Ja, Gott hat alle Kinder lieb* (Asslar: Gerth Medien Musikverlag, 1975)